Hermann Ays

Die römischen Wurzeln

von Hamburg

und anderen norddeutschen

Städten

Herstellung und Verlag:
BoD – Books on Demand, Norderstedt
ISBN: 978-3-7504-6987-7

Inhalt

„Wir lassen aber jedem seine Freyheit, derjenigen Meynung beyzufallen, welche ihm am glaubhaftesten zu seyn scheinet."

Petrus Lambecius

Christiana für ihre Geduld und ihre Mitarbeit gewidmet.

01. Prolog

Römer in Norddeutschland? Hamburg eine aufstrebende römische Metropole? Caesar errichtet in den Jahren 47/46 v.Chr. eine Festung und einen Tempel für die von ihm besonders verehrte Göttin Venus östlich des heutigen Magdeburg?

Ganz Norddeutschland Jahrhunderte lang unter römischem Einfluss?

In den alten Büchern aus der Frühzeit der Druckkunst, die Jahrhunderte überdauert haben, wimmelt es nur so von Hinweisen auf die Römer in Norddeutschland. So besteht auch die Möglichkeit, dass die Stadt Hamburg viel ältere Wurzeln hat. Bei dem Betrachten der Ham-burger Geschichte fallen vier verschiedene, aufeinander folgende, klar abgegrenzte Zeiträume auf.

Der erste Abschnitt ist durch die Verehrung des Got-tes „Joue Hammon", einer alten Gottheit, die über eine längere Zeit in ganz Europa und im Mittelmeerraum verbreitet war, gekennzeichnet.

Bei dem zweiten Abschnitt spricht viel für einen römischen Einfluss. Unter der überkommenen Literatur zur Geschichte des heutigen Norddeutschlands wimmelt es nur so von Hinweisen auf eine römische Vergangenheit. Allerdings zog im Jahre 17 n.Chr. der Nachfolger des Kaisers Augustus, Tiberius, die römischen Truppen hin-ter den Limes zurück. Das Land vor dem Limes wurde von den Römern aufgegeben. Das heißt, die römischen Bewohner zogen nach Westen und was sich nicht mit-schleppen ließ, wurde verbrannt. Es handelte sich um zahlreiche Siedlungen und Städte, deren Reste in den letzten Jahren geortet werden konnten. Von dieser Entwicklung könnte auch Hamburg betroffen gewesen sein. Dennoch blieb der römische Einfluss in den germanischen Gebieten erhalten, wie das so genannte „Harzhorn-Ereignis" zeigt, in dessen Verlauf mehrere tausend römische Soldaten und deren Hilfstruppen im Jahr 235/ 236 germanischen Verbänden eine Schlacht lieferten.

Außerdem kann man davon ausgehen, dass auch friedlich gesinnte Angehörige des römischen Reichs in den germanischen Gebieten unterwegs waren, römische und griechische Händler, römische Veteranen, christliche Missionare und Glücksritter aller Art.

Der dritte Abschnitt wird von der Herrschaft der Wenden (Slawen) dominiert. Im Rahmen der Völkerwanderung verlegten sie ihre Wohnsitze nach Westen. Wie Zeitgenossen der Wenden überlieferten, war ihnen der Gebrauch der Schrift unbekannt. Das bedeutet, die Wenden tauchen in den Dokumenten nur auf, wenn ein anderes Volk mit involviert war.

Bei den heute lebenden Polen, den Nachfahren der Wenden, hält sich hartnäckig die Geschichte, dass ihr legendärer Anführer Lech Bremen gegründet hätte.

Der vierte Abschnitt ist durch die Herrschaft der Franken gekennzeichnet. So hatte schon der Vater von Karl dem Großen, Pippin der Kurze, in Hamburg einen fränkischen Statthalter eingesetzt.

Es war nicht die Intention des Autors eine wissenschaftliche Abhandlung zu verfassen. Allerdings ist er der Meinung, dass die Glaubwürdigkeit der alten Bücher nicht gering einzuschätzen ist. Es sind keine Märchenbü-cher, denn sie wurden schon damals von den Kollegen der Autoren bei Bedarf gnadenlos verrissen, wenn einer der Herren glaubte, dazu Grund zu haben.

Im Übrigen hat sich der Autor bemüht, die gefundenen Zitate korrekt wiederzugeben und die Quellen nach Titeln und Seitenzahlen anzugeben.

02. Hamburg,
eine Stadt mit alten Wurzeln

Hamburg an der Elbe hat eine sehr alte Geschichte und ist möglicherweise eine der ältesten Städte in Deutschland. Es ist mehr ein Raunen, als eine belastbare Erkenntnis der Wissenschaft, aber Hamburg könnte unter anderem eine römische Vergangenheit haben. Durch seine günstige Lage am Elbstrom entwickelte sich früh ein Zentrum für Handel und Gewerbe. Es ist auch nicht verwunderlich, dass bisher keine Inschriften oder andere steinerne Zeugnisse aus der Zeit der Römer oder auch da-vor, gefunden worden sind, denn das Gebiet von Ham-burg wurde schon immer bebaut und man achtete auch nicht auf irgendwelche Spuren aus der Vergangenheit. Hamburg war eine Stadt der Kaufleute und Reeder, die keinen Sinn für irgendwelches altes Gerümpel hatten. Die Gegenwart war wichtiger. Dennoch kann Hamburgs frühe Geschichte in vier aufeinander folgende Abschnitte eingeteilt werden.

1. Abschnitt, in dem Buch *Pavum Theatrum Urbium* gedruckt 1585, berichtet der Verfasser, dass Hamburg nach dem Gott „Joue Ammone" benannt worden sei. Auf diese seit Jahrhunderten verehrte Gottheit, deren Bildnis der Kayser Karl der Große zerstören ließ, soll der Name Hamburg zurückgehen. Das Aussehen der Gottheit ist überliefert.

Zitat:

Dieser Hammon oder Hamoys saß in ihrem Tempel auf einem Stuhle als ein König, hielt in seiner lincken Hand einen Szepter, in der Rechten ein bloß Schwerd, ihm waren zur Rechten Neptunus, Pluto, Mars, Vulcanus, Mercurius,

Apollo, zur Linken Juno, Ceres, Vesta, Pallas, Diana und Venus.

Aus seinem Munde ging ein Blitz gegen der rechten Hand, gegen der linken ein Donner mit feurigen Fun-cken.

Auf seinem Haupte hatte er einen goldenen Adler, unter denen Füssen den Teufel.

Zed.Un.Lex., 12. Band, Seite 333, 334

Die Gottheit Hammon macht nachdenklich und weist in längst vergangene Zeiten. Seine Verehrung ist im alten Europa und Teilen des Mittelmeerraums weit verbreitet. Als Wind- und Fruchtbarkeitsgottheit spielt er in der ägyptischen Gesellschaft unter dem Namen Ammon eine große Rolle. Ursprünglich der Gott der Stadt Theben, wurde er durch den Aufstieg der Stadt zum Götterkönig und nach seiner Verschmelzung mit dem Sonnengott „Re" als Amun-Re zum Lichtgott und dem wichtigsten Gott der Ägypter. *LexBrock 35*

Die Phönizier kannten ihn als Baal-Hammon und auch in Karthago war er die wichtigste Gottheit.

Die Verehrung des Gottes „Hammon" im Raum des heutigen Hamburg ist ein Hinweis auf eine lange Tradition und legt die Möglichkeit nahe, dass Hamburg schon in alter Zeit eine wichtige Rolle gespielt hat. Es handelt sich dabei um die alte Sage von Atlantis, die durchaus auf einer realen Katastrophe beruhen kann und die damals bekannte Welt erschütterte.

Unter anderen hat der griechische Philosoph Platon (429-348 v. Chr.) die Geschichte von Atlantis überliefert. Er beruft sich dabei auf Solon, (640-559 v.Chr.) einen der sieben Weisen und Gesetzgeber Athens.

Solon reiste in die ägyptische Stadt Sais, in deren Tempel die Priester zahlreiche Zeugnisse und Dokumente über den Feldzug der Atlanter gegen die Länder am Mittelmeer gesammelt und gehütet hatten.

Ausgelöst wurde die Wanderung der Atlanter durch furchtbare Naturkatastrophen. Eine gewaltige Dürre setzte ein, die große Feuer nach sich zog, wie Wissen-schaftler unter anderem auch in den Mooren Nord-deutschlands feststellen konnten. Es ereigneten sich hef-tige Erdbeben und Sturmfluten, die alles verwüsteten und zahlreiche Opfer forderten. Unter anderen war Atlantis, die Königsinsel des atlantischen Königreichs, durch Erdbeben und Überschwemmungen innerhalb eines Tages und einer Nacht vom Meer verschlungen worden. An deren Platz breitete sich ein unpassierbares „Schlam-meer" aus.

Auf der Königsinsel, „Basileia" – die Königliche genannt, die in der „Deutschen Bucht" zwischen Elbmündung und Helgoland gelegen haben könnte, befand sich die Königsburg der Atlanter und ein Tempel für ihren obersten Gott, „Poseidon".

Auf der Insel sollen die Atlanter auch „Oreichalkos", ein Naturprodukt und reines Kupfer gewonnen haben. Möglicherweise handelte es sich bei „Oreichalkos" um Bernstein, den der Fluss *Eridanos*, die heutige Eider, angeschwemmt hatte. Außerdem verarbeiteten die Atlanter auch Zinn in größeren Mengen und kannten das Eisen, lange bevor es allgemein verbreitet war. Allerdings durfte es bei kultischen Veranstaltungen nicht verwendet werden.

Auch Ägypten war von den Ereignissen betroffen. Hier war es üblich, dass der Herrscher, der Pharao, an den Wänden der Tempel, die er erbauen ließ, von seinen Taten berichtete. Natürlich nahmen es die Herren dabei mit der Wahrheit nicht so genau. Sie legten großen Wert auf die Darstellung ihrer Person und Taten ohne Rück-sicht auf die tatsächlichen Ereignisse.

Dabei gibt es eine Besonderheit. An den Wänden der Tempel, die einem verstorbenen Pharao gewidmet und Teil seiner letzten Ruhestätte waren, durften aus religiösen Gründen nur die tatsächlichen Ereignisse berichtet werden.

Die Katastrophe begann vermutlich um das Jahr 1210 v.Chr. In Ägypten griffen Libyer, durch Naturkatastrophen aus ihrer Heimat, der heutigen Sahara, vertrieben, den Pharao *Merenptha* (1213-1203 v. Chr.) an.

Zitat:

Die erste lybische Konfrontation stand **Merenptha** *(Pharao) um 1213 – 1203 v.Chr. in seinem vierten Regierungsjahr um 1209 v.Chr. bevor. Aus den Texten der Amadastele erfahren wir, dass die Lybier in die Süd-liche Stadt (Theben) eingedrungen waren. Sie wurden jedoch besiegt und die Gefangenen in der Stadt Memphis gepfählt...* See Ägypt Seite 19

Zitat:

Das Hauptzeugnis seiner Regierung stellte jedoch derAbwehrkampf gegen Libyer und Seevölkerverbände in seinem 5. Regierungsjahr um 1208 v.Chr. dar, an dem unter der Führung des Libyerfürsten **Merie** *libysche Stämme, die Libu, Meschwesch und Kehek neben den schon bekannten Stämmen der Scherden und Lukka, auch die Turscha, Schekelesch und Akjawascha / Ekwesch teilnahmen, die wohl in der Reihenfolge ihrer zahlenmäßigen Kontingente genannt sind. Sie,* die Seevölker, werden als „Nordleute" bezeichnet.

SeeÄgypt Seite 19

Als Grund für den Einfall gibt die Inschrift an:

Zitat:

„Sie sind gekommen, weil sie dem Hunger entgehen wollten und füllen nun ihre Bäuche und Münder."

See Ägypt Seite 20

Im Gegensatz zum den libyschen Stämmen waren die Ägypter von den Folgen der herrschenden Trockenheit nicht betroffen, denn die regelmäßigen Überschwemmungen durch den Nil sorgten für reiche Ernten.

Um 1200 v.Chr. erreichten die Nordvölker, bekannt als die „Seevölker" Griechenland, 1195 v.Chr. die ägypti-sche Grenze und wurden von den Truppen des Pharaos Ramses III. aufgehalten, so die offizielle Lesart.

Von den Nordleuten lässt Ramses III. den Gott Amon-Re-Harakte sagen:

Zitat:

„Da ich mein Gesicht nach Norden wandte, tat ich ein Wunder für dich." *„Ich veranlasste, dass sie sehen konnten deine Macht und die Macht des Nun, da er ausbrach und in einer Woge von Wasser Städte und Dörfer verschlang."* Und weiter: *„Ihr* (der Nordleute) *Land ist nicht mehr; ihre Inseln sind vom Sturm ausgerissen und weggeweht. Ihre Hauptstadt ist vernichtet."* Atl, 32, 33

Die Ägypter dachten sich die Welt als eine Scheibe, die rundherum von dem dunklen Meer umgeben ist. Dieses Meer war in ihrer Vorstellung der Gott *„Nun"*, ein Wesen ohne menschliche Züge, sondern ein Meer als Gottheit.

Zitat:

In uralter Zeit herrschten die Tiergötter über das Land, die Löwengötter, der Krokodilgott „Sobek", der Ibisgott „Thot", der Hundsgott „Anubis" und die heilige Kuh „Athor". Da erhob sich aus dem dunklen Ozean, dem Gotte „Nun", die heilige Sonne „Re" und herrschte lange über die Erde. BDJ, 1 Seite 54

Im Alten Testament überliefert ein Satz des Propheten Amos möglicherweise auch den historischen Namen des „Landes der Seevölker", des heutigen Gebiets der Nordsee und der angrenzenden Küsten.: „Caphtor",

Zitat:

„Seid ihr Kinder Israel mir nicht gleich wie die Mohren?" spricht der Herr. Habe ich nicht Israel aus Egyptenland geführet und die **Philister** *aus* **Caphthor** *und die Syrer aus Kir?"*   Amos 9/7

Auch der Prophet Jeremia berichtet :

Zitat:

„Vor dem Tage, so da kommt zu verstören alle Philister und auszureuten Tyrus und Sidon, samt ihren anderen Gehülfen. Denn der Herr wird die Philister, die das Uebrige sind aus der Insel **Caphthor,** *zerstören."*

Jeremia 47/4

Für die Herkunft der Philister aus dem Gebiet des heutigen Deutschland und dem näheren Umfeld spricht auch das Vorkommen des Schwertes „Naue II" Ende des 13. Jahrhundert v. Chr.

Zitat:

Obwohl auf den Reliefs schematisch wiedergegeben, kann man laut „Haider" ganz deutlich zwei Grundtypen erkennen: einmal ein Langschwert, mit hängenden Schultern und kräftiger Mittelrippe, der Typ „Naue II" der Griffzungenschwerter...

Der Typ Naue II erscheint jedoch erst Ende des 13.Jhd. v.Chr. im ägäischen Raum, wo es keine typologische Vorläufer gibt. Nähere Untersuchungen ergaben, dass die Schwerter Typ Naue II in Italien hergestellt wurden. SeeVÄgypt Seite 44

Zitat:„Haider": *„Da seine entwicklungsgeschichtlichen Vorläufer im Raum Deutschland, Österreich und*

Ungarn anzutreffen sind, dürfte dieser Schwerttyp aus Mitteleuropa in die Ägäis gelangt sein. "

SeeVÄgypt Seite 44

Zur Herkunft der Seevölker:

Zitat:

Bereits Jean Francois Champollion, der Entzifferer der Hieroglyphen (im Jahre 1822) schlug in seiner 1836 erschienen altägyptischen Grammatik vor, die in Medinet Habu erwähnten Peleset mit den aus der Bibel bekannten Philistern zu identifizieren, eine Gleichsetzung die bis heute größtenteils unangefochten ist. SeeVÄgypt Seite 37

Sicher waren die Menschen in der Siedlung, die heute als Hamburg bekannt ist, auch von den katastrophalen Ereignissen betroffen und die eine oder andere Sippe mag sich dem Zug der „Seevölker" in den Süden angeschlossen haben.

Der **2. Abschnitt** ist durch römischen Einfluss gekennzeichnet. In der Überlieferung finden sich zahlreiche Hinweise, die auf eine römische Vergangenheit schließen lassen. Der erste Hinweis fand sich in einem Lexikon des 18.Jahrhunderts, in dem Werk: *„Grosses vollständiges Universallexikon von Johann Zedler, erschienen 1735"* steht im 12.Band, Seite 333

Zitat:

„Man schreibet zwar durchgehends, daß es in Cherso-neso Cimbrica liegt, und dahero kommt es auch, daß die, welche die Gambrivier und Cimbrer vor ein Volk halten, Hamburg **Augustam Gambriviorum und auch Cimbrorum** *nennen."* ZedUnLex, 12.Band, Seite 333

Der Ausdruck „Augusta" ist ein klarer Hinweis auf die römische Kultur. Im Bereich des modernen Deutsch-land gibt es nur drei, mit Hamburg vier Städte, die zu der Zeit

15

des Kaisers Augustus gegründet und mit dem Titel „Augusta" ausgezeichnet worden sind.

Wie das Beispiel Augsburgs, römischer Name *„Augusta Vindelicorum"* (Augusta Vindelicum) zeigt, wurde die Entscheidung über die Errichtung einer „Augusta" zu dieser Zeit in Rom getroffen. Die Grün-dung einer „Colonia", nichts anderes war eine Stadt mit dem Titel „Augusta", war an Bedingungen geknüpft.

So berichtet ein Autor in „Zedlers Universallexicon", dass die Stadt der Vindeliker im Jahr 12 v. Chr. von den römischen Truppen erobert und eingenommen wurde. Auf diese Nachricht hin sandte Kaiser Augustus unver-züglich eine größere Anzahl Kolonisten aus Rom in das heutige Augsburg. Die römischen Einwanderer bauten die Stadt wieder auf. Das Zentrum bildete das Lager einer Legion.

Zitat:

Aber als 12 Jahre vor Christi Geburt gedachte Vindeliker in einer Schlacht von denen Römern überwunden worden, so kam auch diese unter derer Römer Bothmä-ßigkeit. Und als gleich darauf von Augusto eine Colonie abgeschicket wurde, so bekam sie den Namen „Augu-sta"oder Augspurg (Ptolemaeus,/ Tacitus de Mor. Germ 41) und ist fast die einige unter so vielen Städten, welche von dieses Kaysers Namen benennet worden, so ihren Namen durch so viele hundert Jahre unverändert beibe-halten, da hingegen alle andere entweder ganz unter-gegangen oder doch die Freyheit einer Römischen Colonie und des Bürgerrechts, oder beydes miteinander verlohren. Von der Zeit obgedachter Colonie an zu rechnen, ist sie ungefehr 460 Jahr in der Römer und Go-ten Bothmäßigkeit gewesen bis sie Attila der Hunnen König, an 451 fast ganz verwüstet.

ZedUnLex 2. Bd. Seite 2172

Für die Einrichtung einer „Colonia" waren verschiedene Voraussetzungen zu erfüllen. So wurde über die Einrichtung einer Colonia in Rom entschieden und die Kolonisten wurden in Rom angeworben und ausgeschickt. Der Kern der Anlage war das Lager einer oder zweier Legionen. Auch soll der Stadtplan in Rom abgesegnet worden sein.

Bei den Neugründungen handelte es sich um größere, strategisch geplante Städtegründungen aus der Regierungszeit des Kaiser Octavianus / Augustus (63 v.Chr. – 14 n. Chr.) Durch seinen Sieg über Antonius bei Aktium errang Octavianus 31 v. Chr. die Alleinherrschaft und erhielt vom Senat 27 v. Chr. den Ehrennamen „Augustus" (der Erhabene), der zum Titel der römischen Kaiser wurde.

Der Zusatz „Augusta" ist zu dieser Zeit klar der Person des Kaisers Augustus zuzuordnen. Das bedeutet Hamburg kann einen von beiden / oder beide Namen „Augusta Cimbrorum" und „Augusta Gambriviorum" nicht vor 27 v. Chr. erhalten haben. Möglicherweise gibt es einen Zusammenhang mit der Neuordnung der galli-schen Provinzen, die zwischen den Jahren 27 und 12 v.Chr. durchgeführt wurde. Auch der Aufenthalt des Kai-sers Augustus in Gallien in den Jahren 16 bis 13 v.Chr. könnte eine solche Gründung ausgelöst haben.

Die Wissenschaft schreibt Kaiser Augustus eine ganze Reihe von Koloniegründungen zu. Für die betroffene Stadt war es eine Ehre mit dem Titel „Augusta" ausgezeichnet zu werden. Allerdings endet mit dem Beginn des 2. Jahrhunderts die Periode der Neugrün-dungen von „Colonias."Hamburg könnte als **Colonia Au-gusta Cimbrorum-** oder **Colonia** *Augusta Gambriviorum* für die römische- Armee und Verwaltung eine wichtige Rolle gespielt haben.

Der Autor Philippus Cluverius hält auch den Städtenamen *„Marionis"* in der Karte des Ptolemaeus für einen Namen Hamburgs. Nun haben Wissenschaftler aber festgestellt, dass die von Ptolemaeus angegebenen Koordinaten nach der Breite nicht mit denen Hamburgs in Übereinstimmung zu bringen sind. Als Erklärung bieten sich zwei unterschiedliche Lösungen an: Entweder bezeichnet *„Marionis"* eine ganz andere Lokalität als Hamburg, oder aber die Angaben des Ptolemaeus wurden im Laufe der Zeit verfälscht, falsch abgeschrieben. Im Kontext mit dem Namen **Augusta Cimbrorum** und den Aktivitäten der Römer auf der Elbe erscheint Letzteres wahrschein-licher.

Wie der Autor in Zedlers Lexikon (Zed.Un.Lex.) im 12.Band, Seite 333ff über die Verhältnisse in der Stadt Hamburg zur Zeit Karls d. Gr. schreibt, sind für Hamburg auch einige Namen überliefert:

Zitat:

*Hamburg, Lat. Hamburgum, Hammaburgum, Heinmeburgum, **„Hammonia Marionis**, Hammonis Castrum, Hamborg, ehe Mahls Hamaburg, Hohenburg, Hochburg.*

*Die Stadt hat drei Einfahrten zu Wasser, den „Ober-Baum, den „Nieder-Baum" und die „Alster". Am Wahrscheinlichsten ist es, daß es bei Ankunft von Caroli M. allbereit ein ziemlich wohl gebauter und nach Beschaffenheit derer Zeiten wichtiger Ort gewesen sein müsse. Es ist solches daraus zu schlüssen, weil Karl d. Grosse die Stadt nicht allein mit einem Bischoffe versahe, son-dern denselben zum Metropoliten über alle Slavischen und alle neu bekehrte Nordische Völker und folglich über einen sehr weit löufftigen District zu setzen gedachte... Solches bekräftigt auch **Eginhardt**, welchem man doch von Caroli M. Geschichten den meisten Glauben als einen „**Scriptori*** *coaeuo"* (*ernsthaften Schriftsteller*) *beimessen kann, in dem er sagt: „der Kayser habe zwey Schlösser über die Elbe gebauet, denen Streiffereyen derer Sclaven (Slaven) Einhalt zu thun"*

ZedUnLex 12.Band, Seite 334 / 335

Die Wissenschaft, die Verfasser des Buches **Germania und die Insel Thule / Die Entschlüsselung von Ptolemaios' Atlas der Oikumene"** vermuten die Lage von *Marionis* allerdings weiter im Osten, im Raum Lübeck oder Wismar. Dabei geht es um die überlieferten Breitenangaben, 54 Grad N oder 55 Grad 50 Minuten N. Über die Länge machen die Wissenschaftler keine Angabe.

Für die Lage von *Marionis* im Raum Wismar spricht auch ein Artikel in dem Universal Lexikon von Zedler:

Zitat:

„Wismar oder Wißimar,...auch Marionis... eine berühmte und ziemlich große Königlich=Schwedische Handels=Statt, nebst einem vortrefflichen Hafen. Wegen Ursprungs des Nahmens dieser Stadt sind vielerlei Meynungen, jedoch ist dieses die gemeinste, daß selbige von Wisimar, einem alten Wandalichen Könige im Jahr 340 erbauet und von ihm benennet worden. "

ZedUnLex Band 57. Seite 1283

Die tatsächlichen Koordinaten von Hamburg sind:

Breite: 53 Grad 33 Minuten Nord
Länge: 09 Grad 59 Minuten Ost

Das ergibt eine Differenz zwischen
der überlieferten Breite von   54 Grad 00 Min. N
und der tatsächlichen Breite von 53 Grad 33 Min. N

von   27 Min.

Das bedeutet:

1 Min. entspricht 1 Seemeile = 1852 m = 1,852 Km

27 Min. entsprechen   27 x 1852m = 50.004 m

                                         = 50,004 km

Die überlieferte antike Breite von Hamburg liegt also 50,004 Km nördlich von der tatsächlichen Breite…

Über die antike geographische Länge der Stadt Hamburg ist keine Angabe erhalten, das bedeutet, es kann keine Anzahl von Grad und Minuten E-lich von der Insel Hierro, der westlichsten Kanareninsel, festgestellt werden. Die römischen Astronomen hatten nämlich den „0"-Meridian auf den westlichsten Punkt ihrer damals bekannten Welt festgelegt. Für die moderne Navigation hat man sich 1883 auf den Meridian, der durch die Sternwarte von Greenwich, südlich von London läuft, als den „0"-Meridian geeinigt.

Für Hamburg als römische Stadt sprechen nicht nur die überlieferten Namen „Augusta Cimbrorum / Gambriviorum" und „Marionis" bei Ptolemaeus, sondern auch strategische Überlegungen. Die Römer nutzten bei ihren Unternehmungen auch Flüsse als Transportwege und sie brauchten deshalb Stützpunkte an günstigen Plätzen, wo sie Nachschub und Ausrüstung für die Truppen lagern konnten. Außerdem mussten die Schiffe gewartet und repariert werden. Auch war es günstig, wenn der Hafen in ausreichender Entfernung zur Küste lag, damit die Schiffe ruhige Liegeplätze vorfanden und nicht bei Schlechtwetter durch Wellen und Wind beschädigt wurden. Natürlich war auch eine Anbindung an vorhandene schiffbare Flüsse und sichere Straßen an Land besonders wichtig.

Mitunter wurde auch der Natur von Seiten der Römer etwas nachgeholfen. So ließ Drusus, der Bruder des römischen Feldherrn und späteren Kaisers Tiberius, im Gebiet der Rheinmündung einen Kanal graben, den „*fossa Dru siana*", der zur Nordsee führte.

Fossa Drusiana

Die Kunde von dem „Drususkanal" geht auf den römischen Autor Sueton zurück. So schreibt Sueton :

Zitat:

Dieser Drusus war in seiner Eigenschaft als Quästor und Prätor Feldherr im Rhätischen, dann im Germanischen Krieg und zugleich der erste aller römischen Feldherren, welcher den nördlichen Ozean beschiffte. Jenseits des Rheins baute er einen Schiffahrtskanal, ein ungeheures Werk, das noch heute seinen Namen führt.

Sueton, Claudius 2

Auf Hamburg traf alles zu. Durch seine Lage an der Elbe im relativen Landesinneren vor den Stürmen geschützt und sicher durch alte Handelsstraßen mit dem Hinterland vernetzt, hatte es für die römische Verwaltung einen großen Wert. Man kann wohl davon ausgehen, dass in das Umland feste Straßen führten, zum Beispiel nach „Treva", dem heutigen Bad Oldesloe, wo nicht nur eine Salzquelle sprudelte, sondern wahrscheinlich auch schon zur Zeit der Römer die Trave für kleinere Kähne schiffbar war, wie später auch im Mittelalter. Man nannte die Kähne damals „Travekoggen"

Das bedeutet, Waren konnten von Lübeck bis nach „Treva", dem heutigen Bad Oldesloe mit Schiffen auf der Trave transportiert werden. Vermutlich wurden die Waren im heutigen Bad Oldesloe auf Karren oder Tragetiere verladen und in ein bis zwei Tagen nach Hamburg gebracht. So spricht einiges für eine römische Vergangenheit Hamburgs.

Nichtsdestotrotz hat man in Hamburg bisher als früheste Hinweise nur Spuren aus der Zeit Karls d. Gr. gefunden. Es handelt sich um eine Burg, eine kleine Siedlung und einen historischen Weg. Den Verlauf der historischen Straße kann man im heutigen Straßenbild nachvollziehen. Es sind die Straßen: Steinstraße, Speers-ort, Rathausstraße, Große Johannisstraße, Burstah und alter Steinweg. Beim Burstah wurde die Alster überquert.

(Hamb)

Es sind die bisher ältesten Spuren in der Stadt Hamburg. Dass man aus früheren Zeiten noch nichts gefunden hat, muss nicht bedeuten, dass in der Zeit vor Karl dem Großen keine Siedlung in dem Stadtgebiet von Hamburg bestanden hat.

Ein Zeichen für das Ansehen und den Einfluss Hamburgs zu den Zeiten vor Karl dem Großen liefert der Verfasser des Buches „Pavum Theatrum Urbium", gedruckt 1585. In dem Buch berichtet er, dass Hamburg nach dem Gott *„Ioue Ammone"*, dessen Heiligtum Karl d.Gr. zerstören ließ, benannt worden sei.

Bei dem Götzen *Ioue Ammone* handelt es sich um eine der ältesten Gottheiten, die man kennt. Bei den alten Ägyptern war sie unter den Namen Amun, Amon, Hammon, Amen, Imenand als der Wind- und Fruchtbarkeitsgott, eine, wenn nicht die wichtigste ihrer Gotthei-ten. Die Priester des Amun spielten in dem alten Ägypten eine große Rolle.

Zu der Stadt Hamburg sind verschiedene Namen überliefert: Hamburg, lat. Hamaburgum, Heinmeburgum, Hohenburg, Hochburg, **Hamonia Marionis**, Hammonis Castrum und *Hochburi.* Das bedeutet, der Name Hamburg kann von dem örtlichen Gott Joue Hammone abgeleitet werden. Sein Standbild hatte man in einem Tempel aufgestellt, den Karl d. Gr. zusammen mit dem Standbild zerstören ließ.

Unter Gelehrten sind der Name der Stadt Hamburg und seine Herkunft umstritten. Dabei zeigt ein Blick auf andere Städte, dass ein Wechsel der Bevölkerung in der Regel zu einer neuen Bezeichnung des Gemeinwesens führen kann. So ist es bei dem Fall „Hamburg" durchaus möglich, dass die Stadt sich ursprünglich nach der Gott-heit genannt hat. Vor allem spricht für die Herkunft des städtischen Namens, dass es sich um eine sehr alte Gott-heit handelt, die zum Teil schon etliche Jahrtausende verehrt wurde.

Der Name *Hochburi* macht stutzig. So ist überliefert, dass der ehemalige Hamburger Bürgermeister Hermann Langenbek in einer Rede über das alte Hamburger Stadtrecht, die Ansicht vertrat, dass der Name *Hochburi* eigentlich *Bochburi* heißen müsste. Der Namen *Bochburi* stamme aus der wendischen Sprache und würde dem Begriff „Gottesstadt" entsprechen.

Zitat:

„Hermann Langenbek, ehemaliger Burgermeister zu Hamburg in seiner Vorrede über das alte hamburgische Stadtrecht, muthmasset, daß man vor Hochbuchi lesen solle „Bochburi", welches in wendischer Sprache so viel als „Gottesstadt" heissen soll."   *Elbst. 733*

(Ein Bekannter mit Polnisch als Muttersprache bestätigte gegenüber dem Verfasser die Bedeutung des polnischen Begriffs „Bochburi" im Deutschen mit Gottesstadt.") Der Bürgermeister Hermann Langenbeck (1442 – 1517) wirkt seriös. Als Bürgermeister verteidigte er die Vorrechte und die priveligierte Stellung Hamburgs. Heftigen Widerstand leistete er gegen die Einrichtung des

Reichskammergerichts, weil er in dieser Institution eine Gefahr für die Verfassung und die Rechte Hamburgs sah.

Eine Erklärung bietet sich an.

Als das Land an der Elbe im Rahmen der Völkerwanderung durch den Abzug der Sueben und Langobarden nach Süden und der Angeln und Sachsen nach England besonders dünn besiedelt war, zogen die Wenden, denen die heutigen Slawen entsprechen, nach Westen.

Zitat:

Ab dem Jahr 407 n. Chr. wurde der Großteil der römischen Truppen aus Britanien abgezogen, weil sie der Usurpator Konstantin für einen Bürgerkrieg benötigte. Honorius (weströmischer Kaiser) *teilte den Briten dann 410 n.Chr. mit, sie sollten sich nun selbst um ihre Verteidigung kümmern. Ab 450 n.Chr. siedelten sich Angeln, Sachsen und Jüten aus Nordgermanien allmählich in Britanien an.* Atlas WGe Seite 38/39

Der **3. Abschnitt** ist der wendischen Zeit Hamburgs gewidmet. Offensichtlich hielten die Wenden (Slawen) den Gott Hammon für eine wichtige Gottheit, der man die ihr zustehende Verehrung zukommen lassen musste. So scheint es auch nicht verwunderlich, dass die Invaso-ren aus dem Osten die Stadt Hamburg mit dem uralten Heiligtum in ihrer Sprache „Bochburi = Gottesstadt" genannt haben.

Es gibt auch einige Autoren, die von dem „*wendi-schen Einfluss*" auf die Stadt Hamburg berichten. So schreibt ein gewisser Limnaeus, *dass Hamburg eine wendische Stadt (urbs Vandaliae) in der Nachbarschaft von Storman sei.*

Natürlich wird diese Meinung von einem anderen Autoren umgehend bestritten „Der Kollege sei übel unterrichtet gewesen..." – Motto: „Was nicht sein darf, ist nicht..."

Ein Autor aus der Zeit nach Kaiser Heinrich III. (1039-1056) berichtet über Hamburg zur Zeit Karls des Großen und seines Vaters Pippin. Danach war Hamburg vor dieser Zeit die Hauptstadt von Dithmarschen, Hol-stein und der Mark an dem Fluss Stör, im Land der Wen-den, dem jetzigen „Niedern Sachsen". Wie er schreibt, hatten die Könige von Frankreich Pippin (715 -768) und Karl d. Gr. (747 - 814) in Hamburg einen Statthalter ein-gesetzt, einen Herzog aus Brabant, einen Grafen von Nauarcensis und „Comes Palatiy" oder „Maioris Domus" in Frankreich.

Unter diesem Statthalter wurden die ursprünglich aus Dänemark und aus Pommern stammenden Wenden, einen „Vroh" genannt, vertrieben, Hamburg eingenommen und verbrannt. Kaiser Karl d. Gr. ließ die Stadt Hamburg später wieder aufbauen und errichtete hier einen Bischof-sitz.

Zitat:

„Ohnstreitig ist Hamburg eine der größten, reichsten und mächtigsten Kauf- und Handelsstädte in Deutsch-land. Sie ist anbey eine Reichs- und Hansestadt in Nie-dersachsen, im Herzogtum Holstein und sonderlich in der Landschaft Stormarn, dessen Hauptstadt sie genennet wird. Wenn und von wem sie anfänglich erbauet wurde davon kann man in Ermangelung glaubwürdiger Urkun-den keinen gründlichen Bericht abstatten. Gewiss ists, daß sie schon zu Caroli des Großen Zeiten bewohnt ge-wesen und in ziemlichem Ansehen gestanden hat, massen er, nachdem er die Sachsen zum christlichen Glauben ge-bracht hatte, eine Kirche soll erbauet und **Heridagen**, einen heiligen Mann, zum Bischof darüber gesetzt haben, auch in Willens gewesen seyn, diese neue hamburgische Kirche zur Metropolitan- oder Hauptkirche unter allen *slavischen, und neubekehrten Dänischen Völkern zu machen.* Elbst.727 – 728

Wie ein anderes Zitat nahe legt, unterlag Hamburg schon zu Zeiten der fränkischen Könige, Pippins des Kurzen (714-768) und seines Sohnes, Karl des Großen (747-814) dem fränkischen Einfluss, beziehungsweise gehörte die Stadt zum Reich der Franken.

Zitat:

Hamburgk / die Hauptstatt vorzeiten der Dietmarschen / Holsatzer / Steuermärker / in Wagria / der Winden Land gelegen / jezund in Nidern Sachsen / die Kö-nige von Franckreich haben vor zeiten einen Stathalter allda gehabt / nemlich / Pipinus / und sein Sohn Carolus Magnus / einen Herzogen aus Brabant, ein Graffe Nauar-censis, und Comes Palaty oder Maioris Domus in Franckreich / unter welche die Denische unn Pommeri sche Wende / einen Vro genannt / außgetrieben und Ham burgk eyngenommen un ausgebrannt / da sie Keyser Ca-rolus Magnus wieder auffgebawt hat... / obgenannter Ca- rolus Magnus hat ein Bisthumb allda aufgerichtet / nach-mals unter den Bischoffen zur Zeit Keyser Heinrichen deß dritten / hat einer diese Statt mit Mawren umbfangen / mit drey Pforten und zwölff Thürmen.

PTU Seite 63-64,

Die Wenden wurden später unter Kaiser Karl d. Gr. und seinen Nachfolgern entweder getauft oder weiter nach Osten verdrängt.

Der 4. Abschnitt gilt der Zeit von Karl d. Großen. Wie andere Autoren berichten, war Hamburg zu der Zeit von Kaiser Karl d. Großen eine einflussreiche Handels- stadt mit vielfältigen Verbindungen. Dazu passt, dass Karl d. Gr., nachdem er die Sachsen zum Christentum bekehrt hatte, zu Hamburg eine Kirche erbaut und **Heridagen,**

26

einen heiligen Mann, zum Bischof eingesetzt haben soll. Auch soll er die Absicht gehabt haben, die Kirche in Hamburg zur Metropolitan-Kirche für die neu bekehrten Slavischen, und die Dänischen Völkern zu machen.

Zur Zeit des Kaisers Heinrich III. (1017 -1056) ließ ein Bischof die Stadt Hamburg mit einer Mauer umgeben und mit drei Toren und 12 Türmen befestigen.

Andere Berichte sprechen davon, dass Karl der Große Hamburg gegründet hat. Das ist aber angesichts der zahlreichen, anders lautenden Hinweise recht unwahrscheinlich. Natürlich ist es in den bewegten Zeiten nach der Völkerwanderung und dem Entstehen der heutigen Staaten nichts Ungewöhnliches, dass eine Stadt zerstört und wieder aufgebaut wird. Mitunter kommt es auch vor, dass die Ruinen Jahrzehnte lang brach liegen.

Zitat:

*Wenn … sich in den fränkischen Jahrbüchern findet, daß im Jahr 808. gedachter Kaiser durch seine Abgeordnete über der Elbe bei der Alster eine Festung hätte aufführen lassen, und nachgehends Besatzung hinein geleget, die Streiffereyen der Slawen und Wilster-Wenden zu verhindern; es wäre aber solche Festung von diesen heidnischen Völkern zwey Jahre darauf zerstöhret… jedoch gleich das folgende Jahr hernach wieder erbauet, und **Eridag von Meyendorf,** als kaiserlicher Richter oder Statthalter dahin gesetzet worden, dem **Ludolf** und **Udo von Meyendorf** gefolget, wie wohl es mit den Normännern deswegen viele Unruhe gesetzet.*　　　*Elbst 728*

Es ist auffällig, dass der fränkische Stadthalter durch lokale Kräfte ersetzt wird. Vielleicht ist die Entwicklung einer Abnahme der fränkischen Zentralgewalt geschuldet, denn 814 stirbt Karl der Große in Aachen und sein Reich zerfällt in größere Teile, aus denen sich letztendlich die heutigen europäischen Staaten entwickeln. Dafür spricht auch, dass die Wikinger wieder munter werden. *(„es mit den Normännern deswegen viel Unruhe setzet...")*

Andere Autoren berichten, dass Hamburg von Karl d. Gr. erbaut worden sei. Es ist durchaus wahrscheinlich, dass Karl d. Gr. um 808 über der Elbe an der Alster eine Festung errichten ließ und mit Soldaten besetzte. Er wollte damit die Raubzüge der Slawen und Wilster – Wenden verhindern. Zwei Jahre später wurde die Burg zerstört, aber im folgenden Jahr unter dem Kommando des fränkischen Statthalters wieder errichtet. Sicher war von diesen Ereignissen auch die Siedlung betroffen.

Der bekannte Autor Petrus Lambecius schreibt über die frühe Geschichte Hamburgs, dass Hamburg der Na-men einer von zwei Festungen war, die nach dem Bericht eines gewissen Eginardus im Auftrag Karls des Gr. im Jahr 803 als Sicherung gegen die räuberischen Slawen erbaut und mit Soldaten besetzt worden waren.

Im Jahre 810 kam es zu einem Aufstand. Nach dem Bericht des „Eginhardo" wurde das Castel Hochbuchi an der Elbe, in dem der kaiserliche Legatus **Otto** und eine Besatzung Ostsachsen lag, von den Wilsen eingenommen. Darauf schickte im folgenden Jahr Karl d. Gr. eine Armee über die Elbe, die das Land der Helioner verwüstete und das Castel „Hochbuchi" wieder aufbaute.

Albertus Stadiensis bestätigt ausdrücklich, dass Hamburg damals in der wendischen Sprache „Hochbuchi" genannt wurde.

Zitat:

„Hochbury, quod nunc Hamburg dicitur, Albiae apposium; item: castellum Hochbury, nunc dictum Hamburg restauravit"   *Elbst 729*

*832 Der Sohn und Nachfolger Karls d. Gr., Ludwig der Fromme, setzt **Ansgar** als Bischof in Hamburg ein.*

LexBrock 41

Der Verfasser des Artikels im ZedUnLex, 12. Band, Seite 334 ff bestätigt die Vorgänge.

Zitat:

*Es wird gesagt, Kayser Karl d. Gr. habe an der Alster eine Festung **Hammas Burch** oder **Hobbuoch, Hohbuchi** genannt, anno 808 wider die Wenden anlegen lassen, wie er denn auch das Bißthum daselbst angelegt haben soll. (Crusius Schwäb. Chr.) Als sie aber 810 ganz zerstöret worden, habe sie in dem folgenden Jahre gedachter Carolus wieder erbauet.*

Am wahrscheinlichsten ist es, daß es bei Ankunfft Caroli M. allbereit ein ziemlich wohl gebauter und nach Beschaffenheit derer Zeiten wichtiger Ort gewesen seyn müsse. Es ist solches daraus zu schlüssen, weil Karl d. Grosse die Stadt nicht allein mit einem Bischoffe versahe, sondern auch sogar denselben zum Metropoliten über alle slavischen und neu bekehrte Nordische Völker und folgliche über einen sehr weitläuffigen District zu setzen gedachte.

*Solches bekräfftiget auch **Eginhardt**, welchem man doch von Caroli M. Geschichten den meisten Glauben als einen **Scriptori coaeuo** beymessen kann, indem er sagt: Der Kayser habe zwei Schlösser über die Elbe gebauet, denen Streifereyen derer Slaven Einhalt zu thun, wie solches beym Sraphorst Hamb. Kirchengeschichte zu lesen.*

*Nach dem Tode Caroli M. machte sein Sohn Ludwig der Fromme dieselbe zu einer Hauptstadt und gab ihr **Ansgarium** zum ersten Erzbischof.*

In dem Confirmations Dokumente [aus Rom] wird der Hamburgische Erzbischoff zum Metropoliten über die nordischen Länder gemacht und der Papst ernennete denselben und alle Nachfolger zu Legatis des päpstlichen Stuhles in allen nordischen Ländern.

ZedUnLex, 12. Band, Seite 334 ff

Außer diesen möglichen Erklärungen für den Namen Hamburg, gibt es noch eine Anzahl weiterer Namen, darunter auch einige, die im Lichte der Überlieferung durchaus eine hohe Wahrscheinlichkeit besitzen:

Zitat:

*Wie fast durchgehends geschrieben wird, so soll Hamburg in dem alten Cheroneso Cimbrica liegen, und wird daher auch von denenjenigen, welche die Gambrivier oder Cimbrier für ein Volk halten, **Augusta Gambriviorum und Cimbrorum** genennet.* Elbst 734

ZedUnLex, Band 12, Seite 183 -185

Die Bezeichnungen **Augusta Gambriviorum** und **Augusta Cimbrorum** sind klare Hinweise für eine römische Vergangenheit des heutigen Hamburg. Wie die Beispiele von Kaiseraugst bei Basel, „Augusta Rauricorum" und Augsburg „Augusta Vindelicorum" zeigen, handelt es sich bei den Neugründungen um größere, strategisch ge-nau geplante Städtegründungen aus der Regierungszeit des Kaiser Octavianus / Augustus (63 v.Chr. – 14 n. Chr.) Durch seinen Sieg über Antonius bei Aktium errang Octavianus 31 v.Chr. die Alleinherrschaft und erhielt vom Senat 27 v.Chr. den Ehrennamen „Augustus" (Der Erhabene), der zum Titel der römischen Kaiser wurde....

(Wikipedia)

Zitat:

Noch weniger ist glaublich, was Philippus Cluverius in German. antiq. muthmasst, daß Hamburg eben der Ort sey, welcher beim Ptolomäo „Marionis" genannt wird.

Elbst 733

Philippus Cluverius hält den Städtenamen „Marionis" in der Karte des Ptolemaeus für einen Namen Hamburgs. Nun haben Wissenschaftler aber festgestellt, dass die von Ptolemaeus angegebenen Koordinaten nach Länge und Breite nicht mit denen Hamburgs in Übereinstimmung zu bringen sind. Als Erklärung bieten sich zwei unterschiedliche Lösungen an. Entweder bezeichnet „Marionis" eine ganz andere Lokalität als Hamburg, oder die Angaben des Ptolemaeus wurden im Laufe der Zeit verfälscht.

Die Wissenschaft, die Verfasser des Buches „**Germania und die Insel Thule / Die Entschlüsselung von Ptolemaios' Atlas der Oikumene**" vermuten die Lage von Marionis weiter im Osten, im Raum Lübeck oder Wismar Allerdings wird in der Liste der Namen Hamburgs auch der Name „*Hammonia Marionis*" aufgeführt.

ZedUnLex 12. Bd. Seite 333

Zitat:

1200 wurde Lübeck vom Waldemaro II von Dänemark erobert. Das gleiche Geschick ereilte auch Hamburg.

PTU 36

Es gibt noch einen weiteren Hinweis auf den römischen Einfluss in Hamburg und Umgebung. Es handelt sich dabei um die ehemals große Stadt und jetziges Dorf Bardowick und die Stadt Lüneburg.

03 . Bardowick

In dem Buch „Merian Topographia Braunschweig – Lüneburg" Reprint der Ausgabe von 1654, Archiv Verlag, Braunschweig 2005, Seite 45/46 berichtet der Autor:

Das Dorf Bardowick bei Lüneburg war einmal eine große Stadt mit einer langen Geschichte. Sie soll im Jahr 2885 nach der Erschaffung der Welt, beziehungsweise im Jahr 990 v.Chr., 250 Jahre vor Rom, erbaut worden sein. Das bedeutet, die Alten hatten die Erschaffung der Welt auf das Jahr 3875 v. Chr. festgelegt.

Über die Herkunft des Namens sind sich die Autoren nicht einig. Ein gewisser *Crancius* schreibt in den Büchern *Saxoniae lib., 7. cap. 2.& Vandaliae lib. 3.lib cap. 6* von dem Gründer Bardone. Sein Kollege Meibonus schreibt dagegen von dem Volk der *Barden,* einem mitternächtlichen (nördlichen) Volk, das den Ort gegründet und ihm den Namen Bardewick gegeben hätte.

Zitat:

„Ist jezo ein offener Flecken / ein viertel Weges von der Statt Lüneburg belegen / vor Zeiten aber eine grosse Statt gewesen / un wose n der gemeine Rede Glauben beyzumessen/ die älteste Stadt in ganz Sachsenland. Soll erbawet seyn 2885 Jahr nach Erschaffung der Welt / vor Christi Geburt 990 Jahr   *Mer. BL 45*

Zitat:

*Den Namen soll die Statt bekommen haben / wie Cranzius Saxoniae lib. 7.cap.2.& Vandaliae lib. 3. Cap.6 schreibet/ von ihrem fundatore Bardone. Maibonus aber / in **historia Bardevici,** widerleget denselben / und hält davor/ dass die Barden/ ein mitternächtlich Volk, ihr den Namen geben haben / Bardewick.*   *Mer. B/L 45*

Bardowick war eine große, wohlhabende Stadt. Ihre Kaufleute handelten mit allen möglichen Gütern. Ihre Reeder schickten die Schiffe auf die Elbe und in die Nordsee nach dem heutigen Dänemark. Möglicherweise wurde schon damals das Salz aus Lüneburg von Bardowick aus mit Schiffen in alle Welt transportiert. Der Kanal zwischen Lüneburg und Bardowick wurde erst später gegraben.

Wie der Mönch **Henricus Herfordiensis** schreibt, wurde in dieser Stadt schon sehr früh, noch zu Lebzeiten der Apostel, das Evangelium verkündet. Wie überliefert wird, soll der Apostel Petrus 70 (72) Jünger in das Land der Angeln gesandt haben, damit sie dort die Frohe Botschaft verkündeten. Einen von ihnen, *Aegistus*, hatte es nach Bardowik verschlagen und mit seinem Diakon *Marianus* sammelte er hier die Gläubigen, predigte das Evangelium und stand der Gemeinde vor.

Beide wurden aber von den barbarischen, heidnischen Völkern umgebracht. Von Marianus Tod berichtet ein lateinischer Text. Danach wurde Marianus auf der Brükke über die Elmenau mit Schwertern und anderen Waffen getötet.

Man erzählt sich noch, dass an der Brücke früher eine Kapelle zu Ehren des Marianus gestanden hat und weiter soll man bei der Brücke ein Gedenkstein mit der Aufschrift: *„D.Marianus hic in Ponte martyrisatus"*. aufgestellt haben.

Zitat:

Wenn sonst Heinrich von Hervorden, einem Dominikaner Mönche zu Minden und anderen mehr zu glauben ist. So hat sich St. Aegistus, einer von den zwei und siebenzig Jüngern des Herrn Christi, so auf den Befehl des Apostels Petri in Deutschland gegangen, in selbiger Gegend aufgehalten und zu Bardewick, nebst seinem Gehülfen Marciano, das Evangelium verkündet. Sie sollen beide von den barbarischen und ungläubigen Völkern welche in einer alten Schrift Thuri genennet werden allda erschlagen, die Reliquien Aegisti aber von dem däni-schen Könige Ranuto, der sich dieselben bei der Ver-störung

Bardewicks bei seinem Schwäher Henrico Leone ausgebeten gehabt, nach Dänemark überbracht worden seien. " Elbst. 690 – 692

Möglicherweise handelt es sich bei Bardowick um eine der ältesten Städte in der Region. Es sind zwei verschiedene Jahresangaben für ihre Gründung überliefert. Einerseits das Jahr 1144 v.Chr., andererseits soll die Stadt 235 Jahre vor der Gründung Roms erbaut worden sein. Das bedeutet, die Stadt könnte auch 988 v.Christus (753 v.Chr. plus 235 Jahre = 988 v.Chr.) gegründet worden sein.

Zitat:

Bardowik soll die älteste Stadt in der Region Saxonia Cis Albina gewesen sein. Ihre Gründung soll in dem Jahr der Welt 2885 stattgefunden haben.

Das entspricht, bezogen auf das Jahr 1741, dem Jahr der Herstellung des Buches „Antiquarius des Elbstroms", dem Jahr 1144 v. Chr.

Eine andere Quelle berichtet, dass Bardowik 235 Jahre vor Rom erbaut worden sei.

Das würde bedeuten, dass Bardewik 988 v. Chr. gegründet worden ist. (Rom gegründet 753 v.Chr.)

Elbst 692

Bei Bardewik handelt sich also um eine ehemals große Stadt und jetziges Dorf bei Lüneburg.

Wie die Überlieferung berichtet, soll der hl. Petrus 72 Jünger in das Gebiet des heutigen Deutschland gesandt haben, um die Heiden zum Christentum zu bekehren. Die Wahrscheinlichkeit ist sehr groß, dass er sie in eine „zivilisierte" Gegend geschickt hat, wo es Menschen gab die der lateinischen Sprache mächtig waren. Das bedeutet, er hat, vermutlich in Rom, von dieser Landschaft Kenntnis erhalten.

Bardovik soll eine große Stadt gewesen und unter anderem 235 Jahre vor Rom von dem Volk der Barden, einem nordischen Volk gegründet worden sein.

Zitat:

Bardowick , ein Stift und offener Flecken an dem Wasser „Ilmenau". Weyland soll es eine der vornehmsten und größten Städte, und zwar, wenn der gemeinen Rede Glauben beyzumessen , ferner auch den alten Verse, die man noch an der großen Kirchentüre daselbst lieset, zu trauen ist, die älteste Stadt von ganz Saxonia Cis Albina gewesen seyn. Ihre Erbauung wollen einige auf das Jahr der Welt 2885 hinaus rechnen und soll, laut gewisser Verse, bei zweihundertfünfunddreißig ehe als die Stadt Rom bereits erbauet worden seyn. Ihren Namen, sagt man, führe sie von den Barden, einem nordischen Volke

.   *Elbst 690*

Wie der Dominikaner Mönch Heinrich von Herfurt aus Minden berichtet, hat sich der hl. Aegistus, einer der siebzig Jünger Christi, die von dem Apostel Petrus in das Land der Angeln gesandt worden waren, in Bardowick niedergelassen. Zusammen mit seinem Gehilfen Marciand predigte er die „Frohe Botschaft" und stand der Gemeinde vor. Allerdings sollen beide von heidnischen Völkern, die in alten Schriften „Thuri" genannt werden, erschlagen worden sein.

Die Reliquien des hl. Ägistus wurden später, als Heinrich der Löwe Bardowick zerstören ließ (1189), von dessen Schwager, dem dänischen König Ranuto nach Dänemark verbracht.

Über die Herkunft des Namens „Bardowick" gibt es keine sichere Nachricht

Zitat:.

*Wenn sonst Heinrichen von Hervorden, einem Domi-
nikaner Mönche zu Minden, und anderen mehr zu glauben ist. So hat sich **St.Aegistus** einer von den zwei und
siebenzig Jüngern des Herrn Christi, so auf den Befehl des
Apostels Petri in Deutschland gegangen, in selbiger
Gegend aufgehalten und zu Bardowick, nebst seinem Gehülfen **Marciand,** das Evangelium gepredigt. Sie sollen
beide von den barbarischen und unglaubigen Völkern,
welche in einer alten Schrift **Thuri** genennet werden, allda erschlagen, die Reliquien **Aegisti** aber von dem dänischen König **Ranuto,** der sich dieselben bei der Verstö-
rung Bardewicks bei seinem Herrn Schwäher **Henrico
Leone** ausgebeten gehabt, nach Dänemark überbracht
worden seien.*   *Elbst 690-692*

Zitat:

Zum hl. Apostel Petrus

*Nach Ostern erschien er neben Jakobus und Johannes
als Führer der Urgemeinde in Jerusalem, unternahm aber
auch selbständig Missions-Reisen, die ihn bis nach Rom
führten. Hier erlitt er nach der Überlieferung 64 oder 67
unter Nero den Märtyrertod. (*Kreuzigung mit dem Kopf
nach unten*) Man vermutet sein Grab unter der
Peterskirche.*   *LexG 613*

Auch der Verfasser des Buches „Antiquarius des Elbstroms" gedruckt 1741 kennt die Geschichte von den
Missionaren, die der hl. Apostel Petrus in das Gebiet des
heutigen Norddeutschland entsandt haben soll. So berichtet der Mönch Henricus Herfordiensis, dass der hl. Apostel Petrus 70 (72) Missionare von Rom aus nach Norden
geschickt hat.

Für die Geschichte, der von Petrus ins Land der Angeln
entsandten Jünger Jesu Christi, gibt es zwei mögliche
Erklärungen. Im hl. Evangelium des Lukas (Lukas 10.)

berichtet der Autor, dass Jesus 72 Jünger ausschickt, damit sie Kranke heilen und die „Frohe Botschaft" verkünden.

Die erste Möglichkeit:
Der Autor, angeregt durch die Geschichte in **Lukas 10** verlegt sie einfach in die Zeit nach Christus, ersetzt die Person **Jesus** durch den Apostel Petrus und den biblischen Ort durch die Stadt Rom.

Die zweite Möglichkeit:
Wie aus der Apostelgeschichte hervorgeht, lebte der Apostel Petrus längere Zeit in Rom. Dafür spricht unter anderem auch, dass er im „Circus Maximus" in Rom den Märtyrertod gefunden haben soll.

In Rom erfuhr er von der Landschaft im Norden des heutigen Deutschland und den guten Verbindungen zwischen den Bewohnern des heutigen Schleswig-Holsteins und den Anrainern an Nord- und Ostsee. So kommt er auf die Idee, angeregt durch die Erinnerung, er war Zeuge der Ereignisse, dem Beispiel seines Herrn Jesus folgend, 72 Missionare nach Norden zu schicken, damit sie den Angeln das Evangelium verkünden.

Für diese zweite Möglichkeit sprechen etliche Fakten. Die Angeln, ein germanischer Volksstamm, der zu dem Volk der Sueben gehörte, siedelte im heutigen Schles-wig-Holstein. Ein Zentrum des Stammes war die heutige Stadt Kappeln.

Nun berichtet die Überlieferung in mehreren Erzählsträngen von christlichen Angeln, die einigen Städten im heutigen Bayern ihren Namen gegeben haben. So schildert der Verfasser von Zedler's Universal-Lexikon von 1739, dass Angeln aus Norddeutschland etliche Orte in Bayern bewohnt hätten. So habe Ingolstatt an der Donau eigentlich „Engelstatt" geheißen. Weitere Orte mit angelischen Wurzeln sollen Ingelheim, Engelburg, Engelrute, Ingelfingen, Ingoltingen, Engekey und Eichstatt sein.

Über das Bistum Windisch /Vindonissa in dessen Bereich die Städte mit angelischen Namen lagen, schreibt der Verfasser:

Zitat:

„Was das Bistum allhie anbelangt / ist solches im Ergow / bei der alten Stadt Windisch/ oder Vindonissa, wo die Limmat, Aar und Russ / zusammen fliessen / angefangen worden. Der erste Bischof war S. Beatus, deß Hl. Apostel Petri Lehr Jünger / und Engelländischer Priester.   Mer. Schwaben S. 53

Der Begriff „Engelländischer" Priester zeigt deutlich, dass S.Beatus aus dem Land der Angeln, dem heutigen Schleswig-Holstein stammt. Zu der Zeit war das heutige England unter den Römern unter dem Namen Britania bekannt. England kam als Namen für die britischen In-seln erst nach 407 auf, als Rom die britischen Inseln aus Geldmangel aufgeben musste, und die Invasion der Angeln aus Norddeutschland im großen Umfang einsetzte.

Fazit: Es spricht eine Menge dafür, dass die Überlieferung nicht irrt, wenn sie berichtet, dass der Hl. Apostel Petrus tatsächlich 70/72 Missionare nach Norden geschickt hat. Sie trafen wohl auf das Volk der Angeln und bekehrten viele zum Christentum.

Einer davon könnte Beatus, ein Anhänger der Lehre des hl. Apostel Petrus und *Engelländischer* Priester gewesen sein. Deshalb kann man davon ausgehen, dass der Schweizer Nationalheilige St.Beatus gest. 112 n.Chr., mit dem 1.Bischof von Vindonissa (Windisch) identisch ist.

In dem Buch „Helvetia Sancta" schreibt der Verfasser Henricus Murer (1588 – 1638) über (<u>Zitat</u>) *„Das Leben und Sterben des St.Batten, des berühmten Beichtigers und Einsidels / Der Schweizern Apostel und gewessenen ersten Bischoff zu Windisch", gest. Anno 112 den 09. Maij / im Anfang der Regierung des Kaysers Traiani.*

Beatus, welchen wir Teutschen jetztunder gemeiniglich Batt nennen, heiß zuvor in seinem heydniscchen Wesen Suetonius biß daß er folgends zu dem Christlichen Glauben bekehrt / den neuen und holdseligen Beati Nahmen in / und mit dem Sakrament des Heiligen Tauffs annahm.   *Helv Sa 5*

Zu dieser Zeit war die Stellung Roms in der Christenheit keineswegs unumstritten. Erst gegen 400 wurden die Evangelien zusammengestellt und begonnen die christliche Lehre im Einzelnen zu definieren. Es gab noch unterschiedliche Strömungen, die zum Teil sehr von einander abwichen. So hatte sich zum Beispiel in Irland eine eigenständige „keltische Kirche" entwickelt, deren Anhänger so manche Vorstellungen der keltischen Religion in das Christentum integriert hatten.

Kurz zum Hintergrund:

Nachdem Rom das heutige England aufgeben musste, dem römischen Kaiser Honorius I, bedrängt von Goten, Wandalen und anderen Völkern der Völkerwanderung und inneren Wirren, fehlten schlicht Geld und Truppen (410 n.Chr.), lösten die Angeln, die möglicherweise als „foerdrati" in römischen Diensten in England angekommen waren, die römischen Truppen ab und verdrängten die Keltisch-stämmigen Teile der Bevölkerung nach Wales, beziehungsweise über den Englischen Kanal in die

Bretagne. Weitere Angeln, Sachsen und Jüten zogen über die Nordsee in großer Zahl nach dem heutigen Eng-land.

Der Autor des Buches „Antiquarius des Elbstroms" von 1741, berichtet dass Bardowick eine Bischofsstadt gewesen sei. Der Verfasser führt mehrere Argumente für einen Bischofsitz in Bardowik ins Feld:

1. Als Erstes berichtet er, dass die alten Majestäten in der Regel bei der Einrichtung eines Bistums immer die größten und mächtigsten Städte auswählten. Schließlich hatte der Bischof nicht nur ein religiöses Amt, sondern er nahm auch weltliche, verwaltungstechnische Aufgaben wahr. In einer Gesellschaft, in der mitunter sogar Könige die Kunst des Lesens und Schreibens nicht beherrschten, waren die Vertreter der Kirche wichtige Stützen der Verwaltung.

2. Bardowick war bis zu der Zeit Karls d. Gr. eine der berühmtesten Städte in dem diesseits gelegenen Sachsen, möglicherweise sogar die Hauptstadt. Die Verlegung des Bischofsitzes nach relativ wenigen Jahren nach Verden, könnte auf eine Machtverschiebung innerhalb der beiden Städte hindeuten.

3. Es war möglicherweise der Kaiser selbst, wie die Formulierung nahe legt, (Zitat) *„ohngeachtet aus unbekannten Ursachen der bischöfliche Sitz **nach der Hand** nach Verden verleget worden."* die Verlegung des Bistums anordnete.

„Diese bekräftigen ein alter ehrlicher Scribent de fundatione Ecclesiarum à temporibus Caroli M. ad Ottonem M. so beim Madero nachzusehen ist, und Elias von der Hude, ehemaliger Syndicus des Hohen Stifts Verden.

4. Außerdem sind noch, wohl zur Zeit des Verfassers, vor der Drucklegung des Buches 1741, **drei vollgültige**

päpstliche Bullen im Bardewicker Archiv, aus den Jahren 1478, 1481, und 1536 vorhanden, in deren beyden ersteren Papst Sixtus der vierte frey gestehet, dass die Bardewicker Kirche früher eine Cathedralkirche gewesen ist, in der letzteren beruft Papst Paulus III. den Barde-wicker Bischof auf das Mantuanische Konzil. Das be-deutet, 1536 residierte der Bischof noch immer oder schon wieder in Bardowick. Vielleicht handelte es sich aber nur um eine Referenz an die Vergangenheit, denn Bardowik hat sich bis heute nicht von der Zerstörung durch Heinrich d. Löwen im Jahre 1189 erholt.

Zitat:

„Es ist sonst Bardewick in alten Historien zimlich be-kannt / und im fall den historicis Glaube beyzumessen / das Evangelum Christi frühezeitig allda geprediget worden. **Henricus Hervordiensis,** *und andere / die ihm gefolget / schreiben /* **S. Aegistus,** *einer auß den siebenzig Jüngern des Herrn Christi / sei auff deß Apostels Petri Befehl in Teutschland kommen / und habe sich / samt dem diacono* **Mariano,** *nach Bardewick begeben / da-selbst das Evangelium geprediget / und der Kirchen vor-gestanden / wären aber beyde von den barbarischen und unglaubigen Völckern endlich umgebracht. Von Mariano wird in einem Chronico manuscripto diese Erzelung / jedoch ohne Erzählung deß Autoris, woher sie genommen / eingeführet*

„Devotus Marianus evangelium Christi in ecclesia Bardevigae, quae per unum discipulorum S.Petri es erecta, cottidie praedicando inservicbat, ac populo loci ipsius & circumiacentibus gentilibus verbum Bekannt praedicabat sed persequebantur eum adeò, ut fugere à civitate cogebatur. Ambulante verò eo ab Ecclesia in qua praedicabat cottidie, ac veniente supra fluminis pontem

ELMENAU prope civitatem Bardovik apprehendderunt eum, ac gladiis & aliis armis oc-ciderunt."

Zitat: *Es geht sonsten noch die gemeine Rede / daß bey der Elmenau an der Brücke / allwo vor Zeiten eine Capelle / D. Mariani genant / gestanden / ein Stein gesetzet gewesen / mit dieser Aufschrifft / **D.Marianus hic in Ponte martyrisatus.*** "   Mer. BL 45, 46

Der Autor des Artikels in **Zedler, Universallexikon,** schreibt über Bardewick:

Zitat:

Bardewick, *lat. Barduicum oder Bardouicum, ein offener Flecken...hat die Elmenau gegen Osten... Es soll die älteste Sächsische Stadt seyn. Man findet alte lateinische Verse über der Domkirche in welchen steht, dass sie 945 Jahr vor Christi Geburt sey gebaut worden... Das ist aus den Historien bekannt, dass sie schon vor Christi Geburt starken Handel auf der Ost=See getrieben. Einige führen den Namen von einem König „Bardo" her, allein, wenn er gelebt und andere Nachrichten wissen sie selbst nicht.*

ZedUnLex 3.Band, Seite 449

Zitat:

Maibom *hingegen und* **Cranz** *leiten ihn* (den Namen Bardowik) *von ihrem Erbauer* **Berdone** *her. Der Umkreis dieses Fleckens ist von einer ziemlichen Weitläufigkeit, ja viel weiter, als die Stadt Lüneburg, woraus die Größe der vormaligen Stadt abzunehmen ist. Auch soll, wie sie noch in ihrem Wohlstande gewesen, neun Kirchen gehabt haben, von welchen die Domkirche noch jetzo vorhanden ist, an der man über der großen Thüre, so wohl von ihrer Erbauung als auch Zerstörung folgende Verse lieset:*
Abram dum natus, mox Treviris incipit ortus

Hinc annis Bardevic Roma, duo C. quinque triginta
(235) M.C. post nata junckis octoginta novemque, (1189)
Dum Brunsucensis Dux Henricus Leo dictus
Simonis in Festo Bardovic subertit alb alto.

In der drei Letzteren ist zugleich das Jahr 1189 enthalten, worinnen sie **Herzog Heinrich der Löwe, von Sachsen und Bayern,** zerstöret hat.   Elbst. 693

Bardowik soll auch Bischofsitz gewesen sein. So schreibt der Autor des Buches, „Antiquarius des Elbstroms" von 1741,

Zitat:

Daß ehemalen daselbst ein Bistum muß gewesen seyn, kann mit vielen Beweißthümern gnugsam dargethan werden.

Denn 1. ist zu Genüge bekannt, daß allzeit die alten Keyser und Könige bey Stiftung der Bisthümer, auf die vornehmsten haltbaren Orte gesehen haben.

2. Ist gewiß, dass diese Stadt zur Zeiten Caroli Magni eine der berühmtesten Oerter in dem disseits der Elbe gelegenen Sachsen, wo nicht gar die Hauptstadt gewesen, dahero wohl zu muthmassen, dass höchstgedachter Kaiser bey Anrichtung so vieler Bißthümer diesen gewißlich nicht werde vergessen haben, ohngeachtet aus unbekannten Ursachen der bischöfliche Sitz nach der Hand nach Verden verlegt worden. Diese bekräftiget ein alter ehrlicher Scribent de fundacione Ecclesiarum a temporibus Caroli M. ad Ottonem M. so beim Madero nachzusehen ist und Elias von der Hude, ehemaliger Syndicus des Hohen Stifts Verden.

3. Nicht weniger kommt fast auf den gleichen Schlag hinaus, was so der geheime Justitzrath von Leipnitz zu Hannover edi, ad Ann. 781 p.m. 116 zu lesen ist.

Ueberdiß sind 4. annoch drei vollgültige päbstliche Bullen im Bardewicker Archiv,von den Jahren 1478. 1481. und 1536 vorhanden, in deren beyden erstern **Pabst Sixtus der vierte** *frey gestehet, daß die Bardewicker Kirche vor diesem eine Cathedralkirche gewesen sei, in der letztern aber beruef* **Pabst Paulus der III.** *den* **Bardewicker Bischof** *auf das Mantuanische Concilium.*

Elbst. 693

1537: Das *Konzil von Mantua*

Bereits 1536 rief *Papst Paul III.* in Absprache mit den weltlichen und geistlichen Führern zu einem Konzil in Mantua zusammen, das im Mai 1537 stattfinden sollte.

Die protestantischen Fürsten, aber auch Frankreich zeigten jedoch kein Interesse, am Konzil teilzunehmen, so dass dieses erst einmal verlegt, dann (1539) ganz abgesagt wurde. Es ging um die Reformation, Luther sollte seine Ansichten vortragen.

Wikipedia WebHistoriker

Der prominenteste der christlichen Angeln ist der Hl. Beatus. Beatus trug ursprünglich den Namen Suetonius.

Wie Henricus Murer (1588 - 1638 in seinem Buch *„Helvetia Sancta"* über *„Das Leben und Sterben des St.Batten, des berühmten Beichtigers und Einsiedels / der Schweizern Apostel / und gewessner erster Bischoff zu Windisch* schreibt:

Zitat: *„Der war aus Engelland, gebürtig, von Edlen reich und dapfferen Eltern gebohren... daß diser nach dem christlichen Wesen trachtete / eben zu der Zeit als der heydnische Kayser Claudius / der nechst vor Nerone / das römische Reich verwaltete; da auch die hochheiligen Apostel auch noch bey Leben waren / und die Kirch Gottes* *im neuen Testament am allerreinesten und sehr Geist reich anfing zu blühen.*

Gegen den Rat seiner reichen Freunde und Nachbarn wollte dannoch Beatus sich von dem Abgöttischen / und offentlichen Feinden der Christenheit gar absondern, der armen Aposteln Predig hören...

Von dem Geist Gottes getrieben / machte er sich auf / und kam zu dem berühmten und heiligen Apostel Bar-naba / welcher nit allein zu Cypern sonder auch nachmals zu Chur in Raetia das heilige Evangelium verkündete... Von welchen er den heiligen Tauff empfangen, mit samt dem Nahmen Beatus, welcher seelig heißt.

St.Beatus begleitet St.Peter auf seinen Reisen und wird von ihm im vierzigsten Jahr seines Alters durch Auflegen des hl.Petrus Hand ein Priester geweihet worden.

HelvSa 6

Julius Caesar soll in seinem anderen Buch geschrieben haben / dass zu seiner Zeit dies Volck (heutige Schweiz) 12 Städt und 400 Flecken und Dörffer eingehabt. Aus diesen sollen die ältiste Stätt gewesen seyn, Zürich / Solothurn / Arbon / Windisch /, Winterthur / Psin / Wittlisburg / Aventicum, des ganzen Helvetischen Landes Hauptstatt.

St.Beatus wird von St.Petro in die Schweiz gesandt / das Evangelium zu verkünden. Als Begleiter mit auf die Reise gibt der Apostel Petrus dem Beatus den Jünger Abachan mit. St.Beatus starb im 90ten Jahr, 112 Jahre nach Christus am 09.Mai.   *HelvSa 12*

<u>Zitat:</u>

St.Maria starb im 48. Jahr nach Chr., den 15. August

HelvSa 1

Die Schwäbischen Angli, von welchen noch heutigen Tages Engeland den Namen führet, haben vor Zeiten hierum gwohnet.

ZedUnLex 18.Band, Seite 1063/64

Ursp.: 10.Lübeck. , Seite 69

04. Lüneburg

Lüneburg ist, wenn man der Überlieferung trauen kann, eine sehr alte Stadt mit römischen Wurzeln. Wie die alten Quellen berichten, soll Caesar 56 v. Chr. im heutigen

Lüneburg (Lunenburg) in Niedersachsen eine Burg errichtet haben, in der die Mondgöttin „Luna" verehrt wurde. Die Anlage wurde später unter der Herrschaft Karls des Großen zerstört.

Zitat:

56 v.Chr. Lunenburg (Lünenburg)/ in Nidern Sachsen / erstlich eine Burg und Schloß/ von den Römern umb diese Zeit angefangen / da ein Abgott des Monden gestanden/ welchen Kayser Carolus abgethan.   PTU 38

Zitat:

Wann diese Stadt angelegt worden ist ungewiß. Der Herr Sagitarius meynet, man könne zu deren Urheber den Kaiser Heinrich den Vogler mit einigem Grumd angeben. Wie Zeiler berichtet, so hätte erstlich eine von den Römern erbaute Burg oder Schloß allda gestanden, darinnen das Bildniß des Abgotts Lunä oder des Monds von den Einwohnern wäre verehret worden, bis solches Kaiser Carolus Magnus abgeschafft hätte. Von diesem Abgott nun soll diese Burg oder Schloß den Namen Lüneburg bekommen haben.   Elbst. 698

Eine Beschreibung Lüneburgs läßt sich in drei Teilen zusammenfassen:

1. Der Kalkberg
2. Die Stadt
3. Das Kloster Michaelis.

Die Stadt Lüneburg ist die Hauptstadt des gleichnamigen Herzogtums. Der Name Lüneburg soll auf den römischen Feldherrn Caesar zurückgehen, der hier auf seinem Kriegszug im heutigen Norddeutschland während seines Aufenthalts im Gebiet von Lüneburg auf dem „Kalkberg" eine Säule mit dem Bild des Halbmonds errichten ließ. Caesar war ein erklärter Verehrer der Pla-

47

neten. Unter anderem hielt er die Venus für die Urmutter seiner Sippe.

Der Kalkberg war ein ziemlich hoher Berg, nördlich der Stadt aus reinem Kalk. Dieses Material ließ sich relativ einfach bei einer Temperatur ab 150 Grad Celsius zu Gips verarbeiten und sorgte über viele Jahre für gute Einnahmen.

Der Kalkberg lag nördlich der Stadt und auf dem Berg befand sich außer der Burg mit der Statue des Mondes auch noch ein Kloster der Benediktiner. Auf dieses Denkmal des Mondes soll der Name Lüneburg zurückgehen, von lateinisch „Luna" – der Mond. Karl der Große soll Kult und Heiligtum abgeschafft haben.

Zitat:

Der Verfasser des Artikels in dem Buch „Merian Braunschweig / Lüneburg 1654" berichtet, dass Julius Caesar auf dem Kalkberg eine Säule mit dem Bild eines halben Mondes errichtet haben soll.-   Mer.B/L 147

Die Beschreibung dieser Hauptstadt des Herzogtums Lüneburg ordentlich zu werck zu richten / wird von dreyen Stücken / darin sich der Ort / von ihm selber ab-theilet / gehandelt werden müssen. /

Als 1. Von dem Kalchberge / 2. Von der Statt / und zum 3. von dem Kloster St.Michaelis.

Der Kalchberg ist ein ziemlich hoher, von lauterm Kalch bestehendem Berg / an der Nordseiten der Statt gelegen / darauf vor Zeiten eine Burg oder Schloß, wie auch ein Benedictiner Kloster gestanden.

Die alten sächsischen Zeitbücher wollen dem Ersten Römischen Keyser / C.Julio andichten / daß er bey sei-nem in Teutschland vorgenommenen Kriegszuge / eins-mals bei nächtlicher weile / im Mondenschein / an einen hohen Berg kommen sey / und auf demselben (wie er zuvor den

andern himlischen Planeten / als seinen Göttern gethan)
auch dem siebenden Planeten <u>*Lunae*</u> *(dem Monden) zu*
ehren eine Seule / mit dem Bilde eines halben Monden /
soll aufgerichtet haben / gestalt solches Bilde bey dem
Dressero in Chronico Saxoniae p. m. 43 abgemahlet zu
sehen. Von diesem Bilde soll der Berg zu erst den Namen
bekommen haben / daß er Lüneburg geheissen.

Mer. B/L, Seite 144

Wie Zeiler berichtet, hätte ursprünglich eine von den
Römern *erbaute Burg hier gestanden, in der das Bild der*
Göttin Luna (Mond) von den Einwohnern verehrt worden
wäre, bis Kaiser Karl der Große den Kult abgeschafft
hätte. Von diesem Gott sollen Burg und Stadt den Namen
Lüneburg erhalten haben.   *Elbst 698*

Ein Ditmarus von Merseburg nennt sie in der
Geschichte des Jahres 1013 schon eine Stadt. Auch der
Autor Lambertus Schafnaburgensis nennt Lüneburg in der
Geschichte des Jahres 1073 ein „Oppidum maximum",
das heißt eine große vornehme Stadt.

Mer.B/L 145, 146

Herzog Heinrich der Löwe, der schon früher in
Lüneburg abgestiegen war, vergrößerte die Stadt mit den
Trümmern der Stadt Bardowik, die er 1189 erobern und
zerstören ließ. Eigentlich gilt Heinrich der Löwe als der
Stifter der Stadt Lüneburg. Vor ihm soll an Stelle von
Lüneburg nur ein Dorf gestanden haben.

Diese Feststellung widerspricht der früheren Darstellung. Möglicherweise wollte der Autor Heinrich dem
Löwen schmeicheln, als er die Historiker Dietmarus von
Merseburg und Lambertus Schafnaburgensis unterschlug
und die Entwicklung von Lüneburg zur Stadt ab mindes-
tens 1013, beziehungsweise ab 1073 zum „oppidum

maximum" – zur großen vornehmen Stadt nicht beachte-te.

Der Name des ursprünglichen Dorfes, sicher vor 1013, wird mit „Heymersdorf", „Moyersdorf" oder „Modestorf" überliefert. *Kranzius,* ein anderer Autor, bezeugt es ausdrücklich, und nennt das Dorf „*Modestorp"*.

Mer. B/L 146

Es ist ungewiss, wann diese Stadt angelegt worden ist. Der Autor Sagittarius hält den Kaiser „Heinrich den Vogler" für den Gründer der Stadt Lüneburg. Lunenburg = Lüneburg. (Heinrich der Vogler, König von Ost-Franken 876-936) Wikipedkia

Zitat:

Die alten sächsischen Zeitbücher wollen dem Ersten Römischen Keyser / C. Julio andichten / daß er bey seinem in Teutschland vorgenommenen Kriegszuge / einsmals bei nächtlicher weile / im Mondenschein / an einen hohen Berg kommen sey / und auf demselben (wie er zuvor den andern himlischen Planeten / als seinen Göttern gethan) auch dem siebenden Planeten <u>*Lunae*</u> *(dem Monden) zu ehren eine Seule / mit dem Bilde eines halben Monden / soll aufgerichtet haben / gestalt solches Bilde bey dem Dressero in Chronico Saxoniae p. m. 43 abgemahlet zu sehen. Von diesem Bilde soll der Berg zu erst den Namen bekommen haben / daß er Lüneburg geheissen.*

Mer. B/L, Seite 144

Zitat:

Lunenburg / in Nidern Sachsen / erstlich ein Burgk und Schloß / von den Römern umb diese zeit (56 v. Chr.) angefangen / da ein Abgott deß monden gestanden / welchen Kaiser Carolus Magnus abgethan. Darbey ein Dorff / welches Mestorff genant / darauß das Schloß Lünenburgk / von dem Abgott Luna und der Burgk also ge-

nennet/ erbawet / welches nachmals Hermannus Billing von Stuckgehorn / seines Geschlechts ein Edelman / Der Erste Herzog zu Lünenburgk und Sachsen / In dieser Familia anno Christi, 965 unter Kaisern Otten dem Ersten auf das newe erbawet. Alberetus Cranz in seiner Wandalia saget, daß diß Schloß Lunenburg / Anno Christi / 1060 unter Kaiser Heinrico dem Vierten noch gestanden / aber die Statt Lünenburg ist noch nicht gewesen / sondern nachmals Anno Christi / 1188 oder 1189 wie der Sachsen Chronica melden... PTU 38

Zedlers Lexikon hat auch keine zusätzlichen Infos über das Entstehen und die früheste Geschichte der Stadt Lüneburg zu bieten. ZedUnLex, 18.Bd, 1092 – 1200

Über die Entwicklung der Stadt sind sich die alten Historiker nicht einig. Es gilt aber als gesichert, dass im Laufe der Zeit die Burg zerstört und das Kloster vom Kalkberg in die aufstrebende Stadt verlegt wurde.

Nach einer an der „Winterkirche" / St.Michael in Lüneburg angebrachten Tafel wurde die Kirche im Jahre 956 auf dem Kalkberg erwähnt.

Weiterhin berichtet die Tafel, dass die Burg auf dem Kalkberg im Jahre 1376 zerstört wurde und dass in diesem Zusammenhang auch die Kirche vom Kalkberg in die Stadt Lüneburg verlegt worden sein könnte.

5. Helgoland, *Fosteland*
Sarrö, Insula Farria, Fosties

Helgoland besteht heute aus zwei Inseln, aus der Hauptinsel mit einer Fläche von etwa einem Quadratkilometer und der 0,7 Quadratkilometer großen Insel „Düh-ne". Helgoland liegt etwa 67 Kilometer nordwestlich der Elbmündung in der Nordsee.

Die Geschichte von Helgoland fußt zum großen Teil auf Überlieferung. So berichtet Adamus Bremensis, dass Helgoland „Sarrö" und auf lateinisch „*Insula Farria*" genannt wurde.

Zu der Zeit des hl. Wilibrod, des ersten Bischofs von Utrecht (689) soll man die Insel *Fosties* oder *Fosteland* nach einer Gottheit namens *Fosta genannt haben.*

Auch Verbindungen zum Römischen Reich sind wahrscheinlich, wie eine Bemerkung des *Potamus* nahelegt.

Zitat:

Ein gewisser Potamus sagt, dass solche Insel viel-leicht des Tacitus **castum nemus** *seye / so Cluverius un-recht ziehe, wie er im vorgehenden meldet   MerNi 137*

Man hält sie vor der alten **Actania** *,   Tom 1 p. 791*

Seite 47

Bedeutung:

Castum – heilig	*WLS Seite 64*
Nemus - Hain	*WLS Seite 309*
Acta- Meeresgestade	*WLS Seite 11*

Zitat:

Die Insel Helgoland liegt einige Meilen vor der Elbmündung in der Nordsee. Wie der Autor Adam Bremensis überliefert, hat die Insel Helgoland im Laufe der Jahrhunderte verschiedene Bezeichnungen getragen. So war sie in frühesten Zeiten unter dem Namen Sarrö, oder auf lateinisch Insula Farria bekannt.

Zu Zeiten des ersten Bischofs von Utrecht, des aus England stammenden Willibrord soll die Insel Fostis oder

Fosteland nach der Gottheit Fosta genannt worden sein.

hl.Leg 319

Zitat:

Wie berichtet wird, war Helgoland damals noch viel größer. So soll man zu dieser Zeit bei starkem Ostwind eine Meile weit in östlicher Richtung auf dem Sand gehen können. Wie überhaupt die Insel ursprünglich vier deutsche Meilen im Umfang groß war. Vier deutsche Meilen entsprechen 30 heutigen Kilometern. LexBrock, 580

Im Jahre 800 n.Chr. ging ein Teil der Insel unter und gegen 1300 n.Chr. wurde noch ein Teil der Insel vom Meer überschwemmt, so dass die Fläche der Insel mit der eines kleinen Kirchspiels verglichen werden kann.

Seither besteht die Insel aus zwei Teilen, einem oberen Teil, einem steilen Felsen aus rötlichem Sandstein und einem unten liegenden Teil.

Auf dem oberen Teil, der nur auf einem schmalen, steilen Fußsteig zu erreichen ist, hatte man früher eine Companie Soldaten unter einem Comandante stationiert.

Auf dieser Anhöhe liegen noch einige Hügel. Ein Hügel wird der Rodenberg genannt, weil auf ihm nach der Sage Radbods Schloss gestanden haben soll.

Radbod ist ein friesicher Name. So soll ein *Radbod* den 1.Bischof von Utrecht, den aus England stammenden *Willibrord* verjagt haben. hl.Leg. 319

Zitat:

Auf Helgoland konnten im 19. Jhd. vier Hügel identifiziert werden von denen drei eindeutig Hügelgräber aus der Broncezeit waren. Im 17.Jhd.waren noch 8 bekannt und in Karten mit Namen bezeichnet. Claus Ahrens vermutet, dass es aber in dieser Zeit noch dreizehn Hügel gab. Auch weitere kann man vermuten, die auf Teilen des Oberlandes standen, die schon in den Jahrhunderten da-

vor durch Felsabbruch verlohren gingen. Am Moderberg wurde 1845 von Jakob Andresen Siemens ein Steinkistengrab frei gelegt.

Ob auf dem Flaggenberg ein Grabhügel war ist nicht gesichert. Der Kleine Berg ... südlich des Bredebergs mit der alten Feuerblüse (Leuchtfeuer) wurde von O. Ohlshausen ausgegraben. Er fand hier die „Steinkiste von Helgoland" die in Berlin im „Neuen Museum" ausgestellt wird.

Zitat:

Für die Bedeutung von Helgoland sprechen auch die Funde aus „Helgoländer Feuerstein" auf dem angrenzenden Festland. Bis zu 300 Kilometer im angrenzenden Binnenland von Deutschland, den Niederlanden und Dänemark finden sich Artefakte aus dem roten Feuerstein von Helgoland. Wohn- und Rastplätze der frühen Kultu-ren mit Fundstücken auf dem Festland konnten altersmä-ßig zugeordnet werden.

https//de wikipedia/org/wiki/Helgoland

Zitat:

Weil sich auf unserer Karte die Insul Heiligeland gegen dem Mund der Elbe darstellet; als wollen wir zum Beschluß derselben Gelegen- und Beschaffenheit dem geneigten Leser hierbey in folgenden wenigen Blättern als einen Anhang mittheilen. Sie liegt also sechs Meilen von der Münde des Elbstroms in der Westsee, wie Adamus Bremenfis schreibet, hat solche vor Zeiten **Sarrö**, oder lateinisch, **Insula Farria** geheissen. Zu des heiligen Willibrod , des ersten Bischofs zu Utrecht, Zeiten soll man sie **Fosties** oder oder **Fosteland** genennet haben, und zwar von einem Abgott, Namens Fosta. Sie soll aber vor diesem viel größer als jetzt, gewesen seyn; wie man denn auch noch nach Osten zu, bey starkem Ostwinde, auf dem Sande *eine ganze Meil wegs hinausgehen kann. Anjezo ist diese kleine Insel in zwey Theile, nämlich in das obere Theil, und in das untere Theil unterschieden. Das obere Theil ist ein hoher gäher Felsen oder eine Klippe von röthlichem Sandstein, so nur einen einzigen Fußsteig oder Zugang hat, der von unten bis oben bey dreyßig Faden in der Höhe hat, wo selbst nach Nordwe-sten vor etlichen Jahren vieles von dem Lande ausgefal-len ist. Es ist dieses das vornehmste Stück der Insel, so beinahe die Gestalt eines Triangels hat, und eine natür-liche Festung abgiebt;*

Ferner hat diese kleine Insel auf der Höhe etliche Ber-ge oder Hügel, worunter der vornehmste der Rodenberg ist, auf dem, der Sage nach, des Königs Radbods Schloß soll gestanden, und daher anfänglich Radbodenberg ge-heissen haben. Auf dem dasigen Bredeberg hat vor Zeiten ein Pharus oder Leuchtthurm gestanden, so den Seefah-renden bey der Nacht zur Nachricht dienen müssen. Der dortige Gies- oder Kiesberg, worauf man über das ganze Land, und weit in das Meer hinein sehen kann, dienet den Piloten und Lootsleuten, deren es viele auf der Insel gibt, zur Aussicht ins Meer, um etwa Schiffe darauf zu ent-decken, welche aus Spanien, Frankreich, Engelland oder sonst woher kommen, damit fiel ihnen bey rechter Zeit die rechte Fahrt zeigen, und das Geleite geben können. Die Festung auf dieser Insel wird von einem Capitain vertheidiget, der mit einer Compagnie Soldaten beständig darauf verbleiben muß, er hat auch groß. Geschütz dro-ben, das sich also wider seinen Willen niemand hinauf, noch herunter wagen darf. Sonst giebt es allda zweene Meerhäfen. Der Sudhafen, so gegen Mittag liegt, und der Nordhafen gegen Mitternacht, worinnen die Schiffe ge-gen die West und Nordwestwinde sicher liegen können.

Ohnweit des Süderhafens, über dem Süderryf, ragte ein hoher spitziger Felsen aus dem Meer hervor, welcher der kleine Mönch oder der Markstein genennet wird. Ei-nen Strich weiterhin steht ebenfalls ein solcher spitziger Felsen aus dem Wasser hervor, den man hingegen den großen Mönch oder Neuenstack nennet. Ferner zeigt sich an der Insel im Felsen ein sehr tiefes Loch, welches die Einwohner Pipersloch betiteln. Die Anzahl der Einwohner auf dieser Insel, Groß und Klein zusammengerechnet beläuft sich auf tausend Menschen.

Elbst.807 – 810

Zitat:

Helgoland ist eine Insel im Oceano Britanico (Nord see), 8 Meilen von Eiderstedt und 9 Meilen von der Elb-mündung entfernt. Ihr Wappen ist ein Segelschiff. Man kann nirgends in dieselbe / als in dem Port / oder Hafen kommen; der auch deswegen mit Bollwerken/ einem Castell und Soldaten wohl versehen und so gelegen ist / dass er durch keine menschliche Macht kann erobert werden. Trägt Gold, Berelstein und Agtstein. 50 Haus-wesen und 300 Einwohner.

Pontanus sagt, dass solche Insel vielleicht des Taciti in Germania Castum nemus seye / so Cluverius unrecht in Rügen ziehe, wie er im vorgehenden meldet

Mer.Ni 137

Zitat:

*Heiligeland, oder Helgeland, Lat. Insula Sancta, eine kleine Insel, mitten auf der Nordsee, welche vor dem dem Herzoge von Gottorp, nun aber seit an. 1712 denen Dä-nen gehöret, und 6. Meilen Westwärts von dem Dithmar-scher Ufer dem Eiderstedtischen gegen über liegt. Man hält sie vor der alten **Actania**, siehe Tom. I.p 791. Sie hatte vormals 4 teutsche Meilen in Umfang; allein an. 800 gieng* *ein Theil davon unter, und an. 1300 wurde noch ein anderer Theil von dem Meere überschwemmt, so daß anjezo nichts mehr, als ein einig Kirchspiel darinnen ist. Sie bestehet aus dem obern und untern Theil. Jenes ist ein hoher Felsen, auf dessen Höhe ein ebenes Feld liegt, so um 900 Ruthen im Umcreiß hat. An Wasser hat dieser Felsen auch keinen Mangel und ist daher eine natürliche Festung, wie denn allezeit ein Hauptmann mit einer Companie Soldaten darauf gehalten wird. Der untere Theil ist auch bergrat, und hat zwei gut Häfen. Die Einwohner, deren etwa 1.000 sind, nähren sich meist von dem Cabeljau=Fang.*   *Zed. 12. Band, Seite 1087*

Antike*:*

In der Naturgeschichte des Plinius des Älteren wird mehrfach aus dem heute verschollenen Reisebericht des Pytheas von Massalia (325 v. Chr.) zitiert. Eine Textstelle wird von manchen Autoren auf Helgoland bezogen.

Zitat:

Pytheas gibt an, ein germanisches Volk, die Guionen (oder Gutonen, je nach Abschrift des Textes von Plinius) *wohne an einer Versumpfung des Ozeans... eine Tagesreise von da liege die Insel „Abalus"; dorthin werde der Bernstein im Frühling von den Wellen getrieben und sei eigentlich eine Ausscheidung der See; die Anwohner gebrauchten ihn statt Holz zum Feuer und verkauften ihn an die benachbarten Teutonen. Timaeus stimmt ihm darin bei, nennt die Insel aber **Basileia**."*

Wikipedia - Helgoland

06. Hizacker
Hiddesacher (Lat. Hiddonis ager)

Zitat:

Ein altes Städtchen, liegt an der Elbe zwischen Dömitz und Lauenburg, Schlossruine auf einem Berg in der Nähe. Stammvater Theodorieus erscheint 1162 in einem Dokument als Zeuge. ZedUnLex 13.Band, Seite 288

Die Entschlüsselung von Ptolemaios „Atlas der Oikumene" ergab als Ort das antike *Leufana,* möglicherweise ein bedeutendes Siedlungszentrum der Germanen bei Hizacker. PtolGer 42

07. Lauenburg (Stadt)

Lauenburg, ein Herzogtum / *ZedUnLex 16.Band, Seite 993/* und eine Stadt Lauwenburg, Lowinberg, Lowenborgh, Lat. Leoburgum, Leontium, Lowenburgum
ZedUnLex 16.Band, Seite 1024

Zitat:

Stadt an der Mündung der Delme /Regnitz /Delvenau in die Elbe gelegen. Sie könnte schon zur Zeit des Keisers Ludwig des Frommen (778 – 840) unter dem Namen „Levenborch" bestanden haben.

Heinrich der Löwe soll 1157 den Ort erbaut haben. Herzog Bernhard zu Sachsen ließ zur Zeit „Heinrichs des Löwen" 1183, die Burg „Erteneburg" dieseits der Elbe abbrechen und mit deren Steinen die Burg jenseits der Elbe erbauen.

Auf die wendische Bezeichnung „Lawe" für die Elbe soll der Name „Lawenburg / Lauenburg zurückgehen.

Außerdem gibt es noch weitere Orte mit dem Namen Lauenburg. ZedUnLex 16.Band, Seite 1024-1027

Lauenburg ist eine mittelmäßige Stadt und Schloß im Herzogtum Sachsen-Lauenburg. Das Schloss liegt ziemlich hoch auf einem Berge... Unter diesem Schloß im Grunde liegt die Stadt Lauenburg. Elbst. 687

Lauenburg könnte an der Stelle des alten Laciburgium liegen. Ptol 43

08. Soltwedel, Salzwedel,

Bei Soltwedel handelt es sich um eine alte Stadt, die Hauptstadt in der gleichnamigen Mark und deren Residenzstadt. Als Grundlage seiner Studien nimmt der Autor eine Abhandlung über die Altertümer in der Mark Salzwedel von Caspar Sagittarius von 1685.

Weitere Namen für Soltwedel sind: *Solvedia, Solwedela, Solis vallis, Heliopolis, Urbs Solis*

Zitat:

Soltwedel ist eine alte vornehme Stadt, der so genannten Alten Mark. Der berühmte Lehrer der Geschichte zu Jena, Capar Sagittarius, gab sich 1685 die Mühe die Altertümer dieser Soltwedischen Markgrafenschaft in einer besonderen Abhandlung zu untersuchen. Wir wollen dieselbe hier zu Grunde legen.

Diejenigen, welche den Ursprung dieser Marggrafenschaft auf die Römer hinaussetzen, gehen etwas zu weit von der Wahrheit ab und sie werden ihre Meynung schwerlich anders, als durch den Beweis Grund, den sie von dem Namen Soltwedel herbei holen, einige Stärke geben können. Albunis behauptet diese Meinung bereits in seiner meißnerischen Chronick, und Ernst Brotuff in seiner anhaltischen Geneologie, ingleichen Christoph Enzelt in der altmärkischen Chronick tragen kein Bedenken, diese Meinung für richtig zu halten. Wir setzen zu diesen noch Cluverium und Spangenbergen in seiner Chronick cap. 28.

Die Worte des Herrn Enzelts sind unter anderen folgende: Dieses Land heißt sonst die „alte Mark", oder „Soltwedelsche Mark" und ferner: annoch heißet es die „alte Römische Mark" oder „Mark zu Soltwedel".

Brotuff und Enzelt haben daran nicht genung, daß sie aus der Soltwedischen eine Römische Mark geschmiedet sondern sie machen auch gar Drusum zum Stifter und Clodium zum ersten Marggrafen derselben, welchen auch Andreas Angelus in seinen Märkischen Jahrgeschichten beistimmt.

Allein so wenig Drusus jemals über die Elbe gegangen, so schwer wird man dieses jemanden bereden können, daß er in Gegenden gekommen, wo Saltwedel gelegen gewesen. Vielweniger ist dieses möglich, daß er die Mark allda gestiftet oder einen Clodionem zum Marggrafen bestellt habe. Man siehet dieses also einen Umstand an, welcher so lange keinen Beistand verdienet bis er durch tüchtigere Gründ erweislich gemacht wird. Man gibt zwar dieses als einen Grund an indem man dafür hält, daß die Stadt von der Sonnen ihren Namen erhalten, und daher mutmaßen sie, Drusus habe dis Castell zur Ehren der Sonnen erbaut. Denn Wel heißt nach der alten teutschen Mundart soviel als ein Haus, mithin wäre Soltwell oder Saltwedel so viel als ein Haus der Sonnen...

Andere halten dafür, es habe Julius Caesar in Sachsen sieben Schlösser, die er der Zahl der sieben Planeten gewidmet, und unter selbigen auch Soltwedel zur Ehre der Sonnen erbauet. Allein ist dieses Mährgen von Sche-dio und Albert Cranze verworfen worden. Es verdienet auch die Geschichte von der Zerstörung des Sonnen-tempels zu Salzwedel durch Karl den Großen nicht meh-reren

Glauben, oder daß er ein neues Salzwedel dahin gebauet habe. Daß aber wenigstens die zu Salzwedel sol-ches als wahr angenommen, beweist Bautrand Lexic. Geograph.

Zum Namen: Vermutlich werden diejenigen der Wahrheit am nächsten kommen, die den Namen von den Salzquellen herleiten, wenn anders gewiss ist, daß vormals Salzquellen daselbst gewesen.

Zed. 38.Band, Seite 644-645

Zitat:
Es handelt sich um folgende Herren und ihre Werke:
Albinus *schreibt in „Meißnerische Chronik",*
Ernst Brotuff *in „Anhaltische Genealogie",*
Christoph Entzelt *in „Altmärkische Chronik"*
Auch **Cluverius** *und* **Spangenbergen** *halten die Mark für die „alte Römische Mark."*

Brotuff *und* **Enzelt** *halten* **Drusus** *für den Stifter der römischen Mark und* **Clodius** *für den ersten Pfalzgrafen.*

Außerdem behaupten die Autoren, dass die Stadt Soltwedel ihren Namen von der Sonne erhalten hat und dass der Römische Feldherr **Drusus** *das Castell zu Ehren der Sonne erbauen hat lassen. Dafür spricht auch, dass in der alten deutschen Mundart das Wort „**Wel**" „Haus" bedeutet und damit „Soltwel" mit „Haus der Sonne" zu übersetzen ist.*

Andere sind der Meinung, dass Julius Caesar in Sachsen sieben Schlösser (Ortschaften), die er den Planeten widmete und Soltwedel zur Ehre der Sonne erbauen ließ

ZedUnLex 38.Band, Seite 644-646

Zitat: *In dem Buch „Merian Topographia Germaniae, Niedersachsen 1653" schreibt der Autor Albinus, dass zu Soltwedel (Salzwedel) eine Figur zu Ehren der Sonne aufgestellt worden war. Es handelte sich um die Darstellung eines Mannes, der vor der Brust mit beiden*

61

Händen ein Rad hielt und von einem breiten Schein von Strahlen umgeben war. Das Volk nannte die Statue „Der Wedel". Das Heiligtum soll 810 von Karl d. Gr. zerstört worden sein. Der Wedel ist auch Teil des Wappens des Städtchens Wedel in Holstein an der Elbe.

MerNi 235

Albinus zeuget / in dem Meißnischen Chronico / daß zu Soltwedel / in der Alten Marck / ein Abgott der Sonnen zu Ehren gesetzet gewesen sey / welcher von dem Volck Wedel genennet worden / in gestalt eines Menschen / so für der Brust //mit beyden Händen / ein Rad gehalten / und einen breiten Schein mit Stralen gehabt / und von Carolo M. im Jahr 810 verstöret ist: Diese Antiquität sihet man noch in der Wedel Wapen: Auch in deß Hol-steinischen Stättleins Wedel Wapen / findet man fast dergleichen / wie zu sehen ist bey Jona von Elverfeld / classe tertia Holsatiae / Bis hierher dieser. MerNi. 235

Ein etwas merkwürdiger Artikel. Die Argumente für eine frühe Anwesenheit der Römer scheinen überzeugender, und die Berichte über das Haus der Sonne, „Sol-Wedel" (Sol – Sonne /Latein) und (Wedel - Haus /deutsch), wahrscheinlicher, als die Meinung derjenigen, die im Gegensatz dazu eine Salzquelle für den Ursprung - des städtischen Namens halten, obwohl keinerlei Hinweise auf eine mögliche Salzquelle vorhanden sind.

09. Lenzen

Lenzen ist eine kleine, gut befestigte Stadt. Der überlieferte Namen „Leontium" könnte ein Hinweis auf eine römischeVergangenheit sein.

Zitat:

Dieses Lenzen ist eine kleine, aber wehrhafte Stadt, Schloß und Amt, in dem Brandenburgischen Lande Priegnitz an der Elbe und hart an den mecklenburgischen Gränzen. Es hat diese Stadt, dem Vermuthen, so wohl als das benachbarte adeliche Hauß „Lenzewisch" von den wendischen Linouen seinen Namen erhalten, soll auch von ihnen seyn erbaut worden.

Von den Alten wird sie „Leontium" genennet.

Elbst 664

Zitat: *Lenzen (Leontium) von Reselliano in Tacitum bei Schardio Script. Rer. Germ. Tom I. p. 69 Lentizium, Lentingern, Lentzenum genannt, eine kleine aber nahrhafte Stadt, Schloß und Amt in der Priegnitz an der Elbe und den mecklenburgischen Grenzen. Sie mag so wohl als das benachbarte adliche Haus Lenzenwisch oder von den Linonen ihren Namen haben.*

Kaiser Henricus Auceps soll im Jahre 930 die Wenden allhier geschlagen, und aus der Stadt gejagt haben, die sie doch wieder einbekommen und im Jahre 1066 ihren König Gottschalk, der sie zum christlichen Glauben bringen wollen, daselbst erschlagen haben.

ZedUnLex 17. Band Seite 142

10.Lübeck

Wie die alten Quellen berichten wurde Lübeck 151 n.Chr. an dem Fluß Schwartau in der Wagaria, dem Land der Wenden gegründet. Andere berichten, Lübeck sei nach seiner Gründung von Vickbodo Vitigo, einem Her-zog der Cimbern erweitert und überwiegend von Sclauis und Wenden bewohnt worden. Der christliche König Godeschalcus der Arbetriter ließ die Mauern von Lübeck ausbessern.

Später wurde zur Zeit des Kaisers Heinrich IV. (1056-1106 n.Chr. die Stadt Lübeck von den Bewohnern in das Gebiet zwischen die Flüsse Trave und Wagnitz verlegt, wo sie noch heute liegt.

An dem neuen Standort wurde Lübeck im Lauf der Jahre immer wieder von den Rugianern angegriffen, bis Lübeck von Adolf von Schauenburg, dem Grafen von Holstein unter Kaiser Konrad III. rechtmäßig zur Stadt erklärt wurde. (1140 n.Chr.)

1200 wurde Lübeck von den Dänen unter dem König Woldemaro II zusammen mit Hamburg erobert.

Zitat

Lübeck, Lobeck

Schloß und Stadt erbaut 151, von Wickpodo, Herzog der Kimbern, von Scauis und Wenden bewohnet. PTU 83,84

Zitat

Andere wollen, sie sey / Anno Christi 151 erbawet / von Vickpodo Vitigo, Herzogen der Cimbrorum erweitert / von den Scauis und Wenden bewohnet. Wie denn auch von Kitto oder Trutto, dem wendischen Fürsten vor hin Christi Geburt, Anno Christi (wie Münsterus in seinem Weltbuch anzeiget.) PTU 109

Zitat: *Lübeck, Lubeca, Lubecum ist eine große, freie Reichsstatt in dem niedersächsischen Creise, liegt an der Trave im Holsteinischen, die vornehmste unter den Han-*

*sestädten. Die Stadt soll vor Zeiten „**Trena**" geheißen haben.*

*Noch andere sagen, der Name komme aus der wendischen Sprache und zwar von dem Worte „**Liubka**", welches Braut heißet.*

ZedUnLex 18. Band, Seite 1057, 1058

Zitat

Es gab zwei Städte mit dem Namen Lübeck... und müssen wir einen Unterschied zwischen dem Alten und dem Neuen Lübeck machen, welche eine gute halbe Meile von einander gelegen haben.

Das alte hat an dem Wasser der Schwartau gestanden und wird deswegen in den alten Scribenten „Lubeca Swartoniana" genannt und mag wohl von den Cimbris erbaut worden.   *ZedUnLex. 18. Band, Seite 1058*

Oder hat den Namen von der Kron in Wendischer Spraach/ darumb daß sie ein zierd und ein Kron ist deß Reichs in Teutschlandt / erstlich am Wasser die Schwartawe in Wagria / jezundt / Schloss und Stadt erbaut 151 von Wickpedo, Herzog der Kimbern, von Scauis und Wenden bewohnt.   *PTU 83, 84*

Zitat

Schloss und Stadt erbaut 151, von Wickpedo, Her-zog der Kimbern, von Scauis und Wenden bewohnet

*PTU 83, 84*Zitat:

Andere wöllen, sie sey / Anno Christi 151 erbawet / von Vickpodo Vitigo / Herzogen der Cimbrorum erweitert / von den Sclauis unnd Wenden bewohnet. Wie denn auch von Kitto oder Trutto, dem wendischen Fürsten/ vor Christi Geburt, Anno Christi 1104 vorhin Anno Christi 1040. (wie Münsterus in seinem Weltbuch anzeiget) von dem Christlichen Könige Godeschalco der Arbetriter oder

Mechelburger / gebessert. Und die Burg allda nach seinem eltesten Sohn Buthue/ Butham genennet/ welche sein jüngster Sohn Heinricus Magnam Coloniam *geheißen. Lezlich von Critone, einem Sohn Grimmi aus Rugen/ Könige der Wenden in Mechelburg / under Keyser Heinrich dem vierdten erweitert. Nachmals ist sie anders gebawet von den Einwohnern/ unnd zwischen dem Wasser die Traue und Wageniz / da sie jetzundt stehet / auffgerichtet.*

Wiewol sie von den Rugianern etliche Jhar durch Kriege angefochten/ bis auf das Jhar Christi / 1140. da sie von Adolfo von Schauwenburg / Graffen zu Holstein rechtschaffen zur Stadt gemacht under Keyser Conrado III. Hermannus Bonnus, so Superintendens da gewesen / sagt von der Stadt Lübeck, daß diese Stadt zwischen Traven und Wagenitz gebauwet / von einem Luka genannt Lübeck, geheissen, der ein Fischer gewesen, wie denn viel FischerBuden vor der Erbauung dieser Statt allda gestanden. Darnach ist sie 1158 von Nicoleto / einem Wendischen Herrn in Mechelburg geplündert, folgends verbrannt / und von Heinrico dem Löwen / Herzogen zu Sachsen und Braunschweig wider auffge-bawet / und mit Privilegien begabet. Auch Anno 1168 das Bischofftumb von Oldenburg gegen Lübeck geleget / nachmals 1182 ein Reichsstatt worden/ durch Keyser Friedrich den ersten / der sie Herzog Heinrichen dem Löwen genommen und sie belägert. In welcher Belägerung Casimirus II und Bugißlaus II vom oben genannten Keyser zu Herzogen in Pommern gemacht. Anno aber 1186 hat sie obgemelter Herzog Heinrich wider erobert / Unnd folgendts Anno 1200 fünff Jahr nach seinem todt von Woldemaro II. Könige in Dennen-marck eingenommen/ sampt Hamburg.

Letztlich, da sie von den Dennen hart beschweret / hat sie sich dem Römisschen Reich ergeben. Und Anno Christi 1226 unter Keyser Friedrich dem Andern ein key-serlich Freystatt worden/ und bis auf diese Zeit blieben.

PTU Seite 83-85

Zitat.

Es gab zwei Städte mit dem Namen Lübeck... und müssen wir einen Unterschied zwischen dem Alten und dem Neuen Lübeck machen, welche eine gute halbe Meile von einander gelegen haben.

Das alte hat an dem Wasser der Schwartau gestanden und wird deswegen in den alten lateinischen Scribenten „Lubeca „Swartoniana" genannt und mag wohl von den Cimbris erbaut worden.   *ZedUnLex 18. Band Seite 1058*

Die Domkirche hat zwei Patrone, nemlich den hl. Johann und den hl. Nikolaus. Es ist ein Gebäude ungemeiner Länge, welches Herzog Heinrich der Löwe zu Sachsen schon 1170 hat bauen lassen.

Unter dem christlichen König „Godeschalcus" der Arbetriter *oder* Mechelburger *wurde Lübeck ausgebessert. Letzlich wurde die Stadt von Critone, einem Sohn des Grimmus aus Rügen, des Königs der Wenden in Mecklenburg, unter dem Kaiser Heinrich IV. erweitert.*

Später wurde die Stadt von den Einwohnern auf das Gebiet zwischen den Flüssen Trave und Wagnitz verlegt, wo sie noch heute liegt.

Lübeck wurde von den Rugianern etliche Jahre immer wieder angegriffen, bis Lübeck von Adolph von Schauenburg, dem Grafen zu Holstein unter dem Kaiser Konrad III rechtschaffen zur Stadt erklärt wurde. (1140)

1200 wurde Lübeck, von Woldemaro II von Dänemark erobert. Das gleiche Geschick erlitt auch Hamburg.

Am merwürdigsten ist die Kapelle mit dem Toten-Tanze. Es tanzet nämlich der Tod auf diesem Gemälde mit Personen von allerhand Ständen, welche solche Kleider tragen, die etwa vor 300 Jahren in Mode gewesen. Bei jedem steht ein artiger Vers als Exempel

. (Buch 1653 gedruckt – Mode der Kleider von 1350)

Text des Totentanzes

Zum Kayser spricht der Tod:
Auf großer Kayser! Auf! Gesegne Reich
und Welt,
Und wisse, dass ich dir den letzten Tanz be-
stellt;
Mein alter Bund gilt mehr als Apfel, Schwert
und Bullen.
Wer mir Gesetze schreibt, macht eitel blinde
Nullen.
Der Kayser gibt zur Antwort:
Was hör ich? Trägt der Tod vor Göttern keine
Scheu?
Sind Kayser=Cronen nicht vor seiner Sichel
frey?
Wohlan! So muss ich mich, o hartes Wort
bequemen
Und von der dürren Hand den Reichs - Abschied
nehmen.

Zu einem reichen Geiz = Halse sagt der Tod:
Ich fodre deinen Rest, als meinen Zinß
von dir

Zahl ab, und laß die Last des schweren Beutels
hier
Kein Geizhals hat noch nie den Geld=Sack
mitgenommen
Warum? Weil kein Kamel durchs Nadelöhr
kann kommen
Der Geizhals antwortet darauf:
Wahr ist`s, ich liebe nichts als Wucher und Gewinn
Und merke dass ich arm an Reichtum worden bin.
Mein Kapital ist fort, die Zinsen sind zerstoben!
Ach hätte ich einen Schatz im Himmel aufgeben.

Zum Kaufmann sagt der Tod:
Denck an den Banquerot, den Adam längst gemacht.
Der setzte dich in Schuld, und hat mich hergebracht.
Zahl aus und liffre mir den Anteil meiner Waare.
So viel ich fassen kann auf einer Leichen-Bahre.
Darauf spricht der Kauffmann:
Der letzte Mahner kömmt mich trotzig angerennt,
Doch ich bin nicht fallit, hier ist mein Testament.
Den Geist vermach ich Gott; das Gut den
rechten Erben.
Dem Satan meine Schuld,
den Leib dem Tod im Sterben.

Das Compliment des Todes an eine
schöne Jungfer
Ich halte, wie die Welt, von Complimenten
nicht
Muß! Heißt mein hartes Wort, das Stahl und
Eisen bricht.
Und warum wollt ihr mir den letzten Tanz ver-
sagen?

69

Die Jungfern pflegen sonst kein Tänzgen ab-
zuschlagen.

Das Gegenkompliment der Jungfer:
Ich folge, weil ich muss und tanze wie ich kan;.
Ihr Schwestern, nehmet euch bei Zeiten einen Mann,
So reichet ihr die Hand dem Bräutigam im Leben
Die ich dem Tode doch muß halb gezwungen geben.

ZedUnLex 18.Band, Seite 1063

Die Schwäbischen Angli, von welchen noch heutigen Tages Engeland den Namen führet, haben vor Zeiten hierum gewohnet.　　　　ZedUnLex 18.Band, Seite 1

11. <u>Bad Oldesloe</u>

Bad Oldesloe ist eine alte Stadt an der Trave, in der Landschaft Wagria, einer Gegend, in der zahlreiche Wenden (Slaven) wohnten. Über den Ursprung von Oldesloe kann der Verfasser nichts berichten.

Ursprünglich sprudelte in der Stadt eine Salzquelle und sorgte für Wohlstand. Da Heinrich der Löwe be-fürchtete, die hiesige Salzquelle könnte die Salzquelle in Lüneburg beeinträchtigen, ließ er die Quelle verstopfen.

Zitat:

(Oldesloe), von welchem Stättlein Andreas Angelus, in der holsteinischen oftangezogenen Stätt=Chronick/ cap. 14. also schreibet: Etliche meynen / daß Oldeslo daher den Namen habe / daß es sehr alt sey. Es ligt diß Stätt-lein im Lande Wagria / zwischen zweyen Wassern / die Trawe / und Beske. Wer Oldeslo gebawet / ist nirgend beschrieben.

MerNi. Seite 189

Zitat:

In der Braunschweigischen Chronick stehet pag.142, daß Herzog Heinrich der Löw in Sachsen / die Salzbrunnen zu Oldenschloh...verstopffen lassen / auff daß die Salze unter dem Berge / und Burg Lüneburg / desto gänger würden.   *MerNi 189*

Für Oldesloe ergab sich ein weiterer wirtschaftlicher Vorteil, denn der Fluss Trave war zwischen Lübeck und Oldesloe schiffbar. Die Waren konnten per Schiff von Lübeck nach Oldesloe transportiert und von hier mit Pferd und Wagen nach Hamburg transportiert werden. Natürlich funktionierte das Ganze auch von Hamburg nach Lübeck.

Zitat: *Zwischen Lübeck und Hamburg hat man die tägliche Commododität derer Post und Frachtwagen, welche letztere auch nach anderen umliegenden Städten gar wohl eingerichtet; von Lübeck kann man sich bis auf den halben Weg nach Hamburg des Traven=Stroms zum Transport deren schwerer Güter bedienen, da sie dann in der Stadt Oldeslo abgeladen und so ferner zu Wagen 5. oder 6. Meilen übergebracht werden.*

ZedUnLex 18. Band, Seite 1068

Zitat:

Oldeslo, eine kleine Stadt in ,Wagrien, 6 Meilen von Hamburg und 4 von Lübeck an der Trave, welche Nordwärts vor ihr vorbei fliesst. Im 12.Jahrhundert haben die Bürger allhier durch die Sülze (Salz) *gute Nahrung*

71

gehabt. Weil aber der Stadt Lüneburg, deren vornehmster Handel auf dem Salz=Handel bestehet, großer Abbruch dadurch geschehen, hat Herzog Heinrich der Löwe von Braunschweig von dem Grafen Adolphen III zu Anfangs in der Güte des Schadens, den Lüneburg litte, die Hälffte von den Einkünften der Sülze verlanget; und da der Graf nicht gewolt, hat der Herzog die Salz-Brunnen von Oldesloh verderben lassen. Daher die Stadt anjezo von geringer Nahrung, wiewohl sie eine von den so genannten vier Städten in Holstein ist.

ZedUnLex Band 25 Seite 2158

In der Liste des Ptolemaeus erscheint nach neuesten Erkenntnissen Oldesloe unter dem Namen **Treva.** Ptol 42

Zitat:

„… Müller vermutet einen Zusammenhang mit dem Flußnamen Trave und schlägt deshalb als Lokalisierung….Bad Oldesloe vor. Die letzte Identifizierung konnte durch die Analyse der Koordinaten bestätigt werden. Treva lag somit in einem sehr alten Siedlungsgebiet und war vielleicht eine Station an einem alten Handelsweg zwischen Nord- und Ostsee, der an dem Fuß der Kimbrischen Halbinsel entlang verlief.“   *Ptol 42*

Möglicherweise bestand schon zur Zeit der Römer die Schiffsverbindung zwischen der Flussmündung der Trave und der schon zu der Zeit der Römer bekannten Stadt „Treva" des heutigen Bad Oldesloe.

12. _Glückstadt_

lat.: Fanum Fortuae - Tempel der Göttin _Fortuna,_ der römische Göttin des Glücks, des Schicksals M-Lex 281
Tychopolis - Stadt der Tyche
Tyche ist die griechische Göttin des Schicksals
Polis (griech.) – Stadt   M-Lex 89

Zitat:
Glückstadt, Lat. Tychopolis, Fanum Fortunae, Glucstadium, eine dänische Stadt und Festung in Stormarn, liegt an dem Wasser Ryn so daselbst in die Elbe kommt, sieben Meilen von Hamburg
                    ZedUnLex, 10.Band, Seite 1704

13. _Stade_

An dem Fluss Schwinge (Swinga, Zuinga), etwas entfernet von der Elbe, liegt Stade, lateinisch Statia, Stada, eine alte zum Herzogtum Bremen gehörende und wohl befestigte Stadt, fünf Meilen von Hamburg, und zwölf von Bremen. Sie wird für die älteste Stadt in ganz Sachsen gehalten, und soll schon lange vor Christi Geburt erbaut worden sein. Es sind zwei Jahresdaten überliefert, 321 v.Chr. oder 633 v.Chr. Etliche lateinische Verse bilden den Hinweis auf das Alter dieser Stadt:
Zitat:
Ante Die carnem ter centum messibus una

Viginti atque recens condita Stada fuit.

Drey hundert und ein und zwanzig Erndten
Vor Christi Erscheinung im Fleisch
ist Stade neu erbauet worden
...und wollen theils / daß sie / von dem Lager der
Römischen Soldaten / allda den Nahmen habe.

MerNi Seite 221,222

Manche halten sie für die älteste Stadt in ganz Sachsen und dass Stade mit der sagenhaften Stadt „Siatutanda" verglichen werden könnte.

Andere vermuten, dass die Stadt Stade ihren Namen auf ein römisches Militärlager zurückführen kann .

Zitat 1:

Diese an dem Fluß Swinga oder Zuinga / nicht weit von der Elb / unterhalb Hamburg / aber auff der Mittags-seiten / im Erzstiffte Bremen gelegene Hansee=Statt / wird vom G.Braunen / im fünften Theil seines Stättbuchs /für die allerältiste Statt in Sachsen gehalten / als die 333. oder 633 Jahr / vor Christi Geburt / sey erbawen worden: und sagt auch P.Bertius, lib. 3. Commentar Rer.German pag.675, daß sie die ältiste in ganz Sachsen / und mit des Ptolemaei Siatutanda könne verglichen wer-den; und wollen theils / daß sie von Lager der Römischen Soldaten allda den Nahmen habe: Welches man aber dahin gestellt seyn lässt. *MerNi. Seite 221, 222*

Nach den Ergebnissen der Forschung nimmt man die Lage der Stadt „*Siatutanda"* in der Gegend von *Lathen a.d.Ems* an. *PtolGer Seite 42*
Zitat 2

74

Vor diesen ist sie eine freye Reichs- und Hansestadt und vor uralten Zeiten auch eine Grafschaft gewesen. Sie ist, um in den damaligen Erzstift Bremen die Gerechtikeit zu handhaben auch die Geistlichkeit wider die wilden Nachbarn, und annoch ungezähmte Sachsen, zu beschützen, von Grafen, hernacher aber, nachdem sie der erste sächsische Kaiser Heinrich der Vogler, in ein Marggraftum verwandelt hatte, von Marggrafen bis ins Jahr 1168 regieret worden.   *Elbst. 793*

Der Autor G. Braunen hält im 5.Theil seines Städtebuchs Stade für die älteste Stadt in Sachsen. Auch berichtet er, daß sie 323 oder 633 Jahre vor Christi Geburt sei erbaut worden. Und auch P.Bertius, berichtet in lib.3. Commentar. Rer. German. pag. 675, daß sie älteste in ganz Sachsen und mit des Ptolemaei „Situtanda" vergli-chen werden könnte und zum Teil glauben, dass die Stadt ihren Namen von dem Lager der römischen Soldaten erhalten habe. Dies lässt man allerdings dahin gestellt.

Zitat 3:

Stade, *Staden, Staade, Lat. Statia, Stado, Statio ,Statutanda, eine alte wohlbefestigte Stadt in dem Herzogtum Bremen. Sie lieget an dem Flusse Schwinge oder Zwinge, welcher von der Stadt etwas entfernt in die Elbe fället und ist fünf Meilen von Hamburg und 12 von Bremen. Sie wird für die allerälteste Stadt in ganz Sachsen gehalten, und soll schon lange vor Christi Ge-burt erbaut worden sein. Von ihren Alter zeigen folgende Lateinische Verse:*

Ante Dei carnem ter centum mesibus una, Viginti atque recens condita Stada fuit.

Drey hundert und ein und zwanzig Erndten vor Christi Erscheinen im Fleisch ist Stade neu erbauet worden.

Vor uralten Zeiten war sie eine Grafschafft.

Sie ist nun um dem damaligen Erz-Stift Bremen die Gerechtigkeit zu Hand zu haben, nicht weniger die Geistlichkeit wieder die wilden Nachbarn und anoch ungezähmte Sachsen zu beschützen, von Grafen, hernach aber, nachdem der erste sächsische Kayser, in ein Marggrafenthum verwandelt hatte, von Marggrafen bis 1168 regieret worden...   siehe Zitat 2

14.Lathen a. Ems

Bei Lathen lag Siututanda   PtolGer 4
Zitat:
Die älteste Benennung „Lodon" zu der um 1000 „Lodun" tritt, kann „Lode", Schößling bedeuten, sodass „on" oder „un" als Grundwort und „lod" als Bestimmungswort aufzufassen wäre. Man kann aber ebenso gut trennen: „lodon", also Gehölz oder Lichtung im Gehölz auf oder bei einer Düne. „Don" oder „dun" kommen im Altniederdeutschen nebeneinander vor. Die Schreibweise Loten findet sich erst in späteren Corveyer Aufzeichnungen, deren Einzelheiten nicht genau zu datieren sind und von rund 1100 und 1400 reichen können. Der Name geht damit auf den gleichen germanischen Ursprung zurück wie London. Die Ems teilt in gleicher Weise ihre Namensherkunft mit der Themse.   Wikipedia

*Möglicherweise gehen die Gemeinsamkeiten in den Sprachen auf die Einwanderung der Angeln und Sachsen nach 405 n.Chr.zurück, als die Römer die heutigen Britischen Inseln aufgeben mussten.   (*wikipedia)

15. Die Elbe

Der Fluss Elbe war den Römern ein Begriff. Tacitus nennt ihn *„inclytum"*, einen der größten Flüsse. Ptolemaeus und Strabo kennen die Elbe unter dem Namen *„Albia"*. Weitere antike Namen für die Elbe sind: Albius, Alba, Helbia, Eluia, Albe und böhmisch Labe. Den Ursprung beschreiben die Römer als im alten Land der Hermunduren an der Grenze zu dem Land der Semnonen liegend...

Zitat:

Nach anderen Quellen soll eine Stadt oder ein Land nicht weit davon mit dem Namen „Mysia Alyba" der Elbe den Namen gegeben haben. Dieser Fluß durchströmet hernach Böhmen, Ober- und Nieder-Sachsen und fällt endlich bei Ritzebüttel, 14 Meilen unter Hamburg in die Nord=See.   ZedUnLex, 8.Band, 690-691

Zitat:

Ritzebüttel ist heute ein Teil der Stadt Cuxhaven und liegt nördlich der Stadt am Elbstrand. Erwähnt wurde die Landschaft Ritzebüttel zum ersten Mal 1325. Nach Belagerung und Einnahme durch Hamburger Soldaten verkaufte die Familie „Lappes" Schloss „Ritzebüttel" und Umgebung am 31.Juli 1394 an Hamburg. Hiermit ging der Sitz des Hamburger Hauptmanns von Neuwerk auf Ritzebüttel über.   Wikipedia

Das Verhältnis der Römer zur Elbe wirkt irgendwie gespalten. Einerseits vermeiden sie, wie Caesar, jeden Anschein, als ob sie die Elbe je überschritten hätten, andererseits hat er, wie die Überlieferung berichtet, unter anderem bei Magdeburg eine Burg und einen Tempel für die Göttin Venus errichten lassen.

Bei Caesar sind möglicherweise politische Gründe ausschlaggebend, denn er musste sich immer wieder um ein politisches Amt bewerben, weil er nur als gewählter Amtsträger nicht vor Gericht gestellt werden konnte. Er hatte im Senat zahlreiche Gegner, die nur darauf warte-ten, dass er einen Fehler machte. In seinem Buch „De Bello Gallico" vermeidet er jeden Hinweis auf eine römi-sche Siedlung oder ein Lager im östlichen Norddeutsch-land, obwohl er viele Ansiedlungen gegründet und be-kannte Orte erobert haben soll. Das zeigt sich am Beispiel des germanischen Ortes **Agenticum**, der Haupt-stadt der Sennonen und Sueben, die Caesar vorsichtshal-ber in „Ageticum" umbenannt und nach Gallien verlegt hat.

Agenticum soll die Residenz des Königs Brennus gewesen sein, der 387 v.Chr. nach der Schlacht an der Allia Rom erobert und von den Römern ein Lösegeld gefordert hat. Sein Spruch „Vae Victis" – „Wehe den Besiegten" ist legendär.

In seinem Buch hat Caesar die Stadt nach Gallien „verlegt", vermutlich weil er auf seine Wähler Rücksicht nehmen musste, denn im Jahr 100 v.Chr., dem Geburts-jahr Caesars, hatte der Zug der Cimbern, den die römi-schen Truppen unter Inkaufnahme von gewaltigen Ver-lusten knapp abwehren konnten, die Römer bis ins Mark erschüttert.

Wie gefährlich Caesar die Situation einschätzte, zeigt die Tatsache, dass er sechs Legionen in die Gegend von Agenticum (Ageticum) ins Winterlager schickte, bevor er sich wie üblich, über den Winter nach Italien aufmachte. Eine Legion bestand aus 3000 bis 6000 Legionären.

Cae 6.Buch, Abs. 44

Zitat:

*Unter dem Kaiser Tiberius unternahm **L. Domitio, Neros Urgrossvater**, einen Vorstoß über die Elbe und erhielt dafür von Tiberius die sogenannten römischen Ornamenta Triumphalia, (*) oder die Ehrenzeichen des Triumphs*   *Elbst 34*

*Nach diesem kam **Germanicus**, des großen Drusi Sohn, welchen er mit der **Antonia**, einer Tochter des **M. Antoni und der Octavia, Kaisers Augusti Schwester**, erzeuget hatte, nach Deutschland, und gelangete zwar mit seiner Flotte bis an die Elbe, richtete aber ein mehres nicht aus, als daß ihm die sogenannten **See- und Elbwadten** etliche hundert Transportschiffe zu Schanden machten. Daher mag es auch kommen, daß **Thuanus** Part. 1. Lib 4. Pag. 10 vorgibt, die Elbe sei vor Zeiten des römischen Reichs Gränze gewesen. :*   *Elbst 39*

Der Ausdruck „wadten" ist ein anderes Wort für „Sandbänke / Untiefen"   Elbst. 804

Die Elbe war den Römern zur Zeit des Augustus durch die Berichte Caesars und als Ergebnis weiterer eigener Kriegszüge bekannt. Immer wieder kam es zu Einfällen und Beutezügen der Germanen in das römische Gallien, die eine entsprechende Reaktion der Römer nach sich zogen. So überquerte 38 v.Chr. Marcus Vipsanius Agrippa mit seinen Truppen den Rhein als Antwort auf einen Vorstoß der Germanen.

Im Jahre 16 v.Chr. besiegten die Germanen die 5. Legion unter Marcus Lollius, sogar der Legionsadler ging verloren. Im Jahr darauf erreichte Lollius, der die Niederlage überlebt hatte, die Rückgabe des Feldzeichens.

Um gegen die unberechenbaren Germanen vorzugehen, verlegte Kaiser Augustus bis zum Jahr 12 v. Chr. 5 Legionen aus Spanien und Gallien in das Gebiet, verteilt auf eine nördliche Einsatzgruppe um Xanten und eine südliche am Mittel- und Oberrhein um Mainz.

Im selben Jahr überquerten unter der Führung des Herzogs „Maelo" die germanischen Sugamber, Usipeter und Tenkterer wieder einmal den Rhein. Ihnen stellte sich Drusus, Bruder des späteren Kaisers Tiberius, der Oberkommandierende und faktisch der Statthalter in Gallien mit seinen Truppen entgegen und schlug die Germanen empfindlich. Weitere militärische Auseinandersetzungen folgten.

Im Jahre 9 v.Chr. erlitt Drusus bei einem Reitunfall eine schwere Verletzung, an der er zwei Monate später starb.

Am 26. Juni 04 n. Chr adoptierte Kaiser Augustus Tiberius Claudius Nero mit den Worten „Dies tue ich um des Staates willen" und sandte ihn als Oberkommandierenden in das Grenzgebiet mit den Germanen, denn dort war drei Jahre zuvor ein gewaltiger Krieg entbrannt.

Tiberius, der spätere Kaiser, war ein erfolgreicher Feldherr, der zusammen mit seinem Bruder Drusus das heutige Süddeutschland erobert hatte. Tiberius fackelte auch nicht lange, wie der Bericht des Vellius Paterculus zeigt, der etliche Jahre unter Tiberius als Befehlshaber der Reiterei gedient hatte.

Zitat:

(1) *Tiberius rückte sogleich in Germanien ein, besiegte die Canninefaten, Attuarier und Bruckterer und nahm die Cherusker in die Obhut des römischen Volkes auf. (Diesem Volk entstammte Arminius, der bald durch unsere Niederlage bekannt werden sollte.) Dann überschritt Tiberius Caesar die Weser und drang weiter in das Landesinnere vor, wobei er jeweils die schwierig-sten und gefährlichsten Unternehmungen sich selbst vor-behielt…*

(2)... Gefahrlosere Expeditionen übertrug er Sentius Saturninus, der schon unter seinem Vater *Legat in Germanien war..*

(3) *Der Sommerfeldzug wurde in diesem Jahr bis in den Dezember ausgedehnt und brachte uns den Vorteil weiterer großer Siege. Seine große Sohnesliebe führte Tiberius Caesar über die im Winter fast unwegsamen Alpen nach Rom, und die Sorge um den Schutz des Reiches brachte ihn zu Frühjahrsanfang wieder zurück nach Germanien. Dort hatte er, mitten im Landesinneren an der Quelle des Flusses Lippe, vor seiner Abreise als erster ein Winterlager aufgeschlagen.*

Ve Pa , 2.Buch, Abs. 105

Bei dem Winterlager an der Quelle der Lippe könnte es sich um das 1968 entdeckte und erforschte römische Militärlager mit einer Fläche von 750 m x 330 m bei Anreppen handeln. Dieses Lager existierte 4/5 n.Chr.

Wikipedia

Der Autor Vellius Paterculus kommt ins Schwärmen, wenn er von den weiteren Ereignissen berichtet.

Zitat: *Ihr guten Götter, wie viele Bücher könnte man damit füllen, was wir im folgenden Sommer unter der Führung des Tiberius Caesar alles vollbracht haben! Unsere Heere durchzogen ganz Germanien, Völker wurden besiegt, die kaum vom Namen her bekannt sind und die Chauken wurden in die Obhut des römischen Volkes aufgenommen. Ihre gesamte Kriegsmannschaft, unermeßlich an Zahl... lieferte ihre Waffen aus, und alle fielen zusammen mit ihren Führern vor dem Tribunal des Feldherrn auf die Knie...Geschlagen wurden auch die Langobarden, ein Volk, das sogar die Germanen an wildem Kriegsmut noch übertrifft. Ja, es geschah schließ-lich, was man niemals zuvor zu hoffen gewagt, geschwei-ge* *denn versucht hatte: Ein römisches Heer wurde mit seinen Feldzeichen **400 Meilen** vom Rhein aus bis zum Fluss Elbe geführt, der durch das Gebiet der Semnonen und Hermonduren fließt.*

Und dem bewundernswerten Glück wie der Vorsorge des Feldherrn, sowie seiner genauen Beobachtung der Jahreszeiten war es zu danken, dass sich eben dort die Flotte wieder mit Tiberius Caesar und seinem Heer vereinigte. Sie war die Meeresbuchten entlang gesegelt, war aus diesem zuvor völlig unbekannten Meer in den Elbefluss hinein und stromaufwärts gefahren und brachte außer Siegen über zahlreiche Volksstämme auch eine reiche Fülle von Lebensmitteln aller Art mit.

Ve Pa , 2.Buch, Abs. 106

Diese Leistung war Tiberius sicher nur möglich, weil ihm die Kriegsberichte der römischen Feldzüge der vergangenen Jahre zur Verfügung standen. Die Genauigkeit mit der die Operation geplant und trotz aller Schwierigkeiten durchgeführt wurde, ist verblüffend. Es war ja nicht nur ein Feldzug durch feindliches Gebiet, sondern auch eine nautische Leistung. Eine ganze Flotte fuhr, ohne nennenswerte Verluste, über die Nordsee bis zur Elbmündung und durch feindliches Gebiet die Elbe flussaufwärts bis zu einem vorher vereinbarten Treffpunkt. Die Flotte muss viele Schiffe umfasst haben, denn wie Velleius Paterculus berichtet, brachten die Soldaten *„außer Siegen über zahlreiche Volksstämme auch eine reiche Fülle von Lebensmitteln aller Art mit.“*

Ve Pa 2.Buch, Abs. 106

Das bedeutet, die Flotte umfasste nicht nur Seeleute, sondern auch eine erkleckliche Anzahl Soldaten, darunter sicher auch Reitersoldaten. Möglich erscheint, dass es sich dabei um eine ganze Legion gehandelt hat. Eine Le-gion umfasste damals zwischen 3000 und 6000 Mann schwere Infanterie und eine Legionsreiterei von 120 Mann. Zusätzlich musste auch der Tross, bestehend aus Tragtieren, Wagen, Trossknechten, spezialisierten Handwerkern, Ausrüstung und persönlicher Habe der Solda-ten, mitgeführt werden. Das alles erforderte eine Menge Nachschub, der sicher nur zum Teil an Land erbeutet werden konnte, denn die Flussanrainer waren auch keine Sängerknaben, sondern kriegstüchtige Bauern, die immer wieder in kriegerische Auseinandersetzungen untereinander verwickelt waren.

Ähnliches gilt auch für den gleichzeitig stattfindenden Feldzug an Land. V.Paterculus schreibt: *„Ein römisches Heer wurde mit seinen Feldzeichen **400 Meilen** vom Rhein bis zum Fluss Elbe geführt..."* und traf dort zu einem bestimmten Zeitpunkt an einem vorher vereinbar-ten Ort auf die Flotte.

1 römische Meile entspricht 1,48 Km.(Wikipedia) Das bedeutet 400 römische Meilen entsprechen 592 Km. Möglicherweise war das Ziel dieser Expedition die Be-friedung der südlich der Elbe siedelnden germanischen Stämme und die Aufklärung über die geographischen Gegebenheiten.

Dafür spricht ein Zitat aus „Historia Romana" des Vellius Paterculus, der in führender Stellung, als der Komandierender der Reiterstaffel, an dem Feldzug teil-nahm, wenn er schreibt:

Zitat:

„Als Sieger über alle Völker und Gegenden, zu denen er gekommen war, führte Tiberius Caesar die Legionen ins Winterlager zurück. Sein Heer war ohne Verluste ge-blieben und hatte nur einmal eine Kraftprobe zu beste-hen,

und zwar durch einen Hinterhalt der Feinde, was diesen aber eine schwere Niederlage einbrachte. "

VePa 2.Buch, Abs.107, 3

Zitat:

„Es blieb in Germanien nichts mehr zu erobern übrig, außer dem Volksstamm der Markomannen. Diese waren unter ihrem Führer Marbod aus ihren bisherigen Wohnsitzen aufgebrochen, hatten sich ins Innere des Landes zurückgezogen und bewohnten nun die Gegenden innerhalb des Herkynischen Waldes.
"

VePa, 2.Buch, Abs. 108,

Für die Qualität der geographischen Aufklärung durch das römische Militär spricht auch eine Bemerkung der Autoren des Buches **„Germania und die Insel Thule / Die Entschlüsselung von Ptolemaios' „Atlas der Oikumene"** wenn sie schreiben:

Zitat:

„Für die römischen Provinzen bildete insbesondere die Raumerfassung durch Militär und Verwaltung die Grundlage der geographischen Informationen. Neben (militärischen) Karten und Itinerarien dürfte Ptolemaios auch Lagebeschreibungen der Provinzen und ein Verwaltungshandbuch verwendet haben." PtolGer 7

Auch spricht einiges für Magdeburg, als eines der möglichen Ziele der Unternehmung, denn laut Überlieferung hatte Caesar im Gebiet der heutigen Stadt Burg eine Festung anlegen und möglicherweise an der Stelle der „Ihleburg" an der Elbe einen Tempel für die Göttin „Venus" erbauen lassen, mit der er sich besonders verbunden fühlte.

16. Der Zug der Kimbern und Teutonen

Die norddeutsche Landschaft mit ihren Bewohnern, den Germanen, war den Römern schon länger bekannt, erschien ihnen aber doch etwas unwirtlich, kalt. Der römische Historiker Tacitus brachte es auf den Punkt:

Zitat:

„Und wer hätte denn auch, ungerechnet die Gefahr auf dem schauerlichen, unbekannten Meere, Asien, Afrika oder Italien verlassen und nach Germanien ziehen mögen, in ein ungestaltes Land unter rauhem Himmel, wüst zu bewohnen und anzuschauen für alle, die da nicht heimisch sind."   *GerT (1), Abs. 2*

Und wie Tacitus weiter berichtet, bedeuten den Germanen Gold und Silber wenig. Es herrscht der Tauschhandel.

Drei dieser germanischen Völker, die Kimbern, Teutonen, und Ambronen, die aus Sicht der Römer am Rande der damaligen Welt, im heutigen Schleswig-Holstein und Dänemark lebten, brachen gegen 120 v.Chr. nach Süden auf. Die zeitgenössischen Römer hielten sie für *„zweibeinige Tiere, die außer der Stimme und den Gliedern nichts Menschliches an sich haben."*

Tacitus schreibt in dem Buch „Germania" Abs. 37:

Zitat:

„In derselben Ausbuchtung Germaniens, unmittelbar an der Küste des Weltmeeres, wohnen die Kimbern, jetzt eine zwar kleine, aber hoch berühmte Völkerschaft. Von ihrer einstigen Größe sind noch weithin Spuren vorhanden. Auf beiden Rheinufern finden sich weiträumige Lagerplätze, deren Umfang noch heutzutages einen

Schluss auf die ungeheure Masse und Arbeitskraft dieses Volkes ziehen und die Nachrichten über seine so gewaltige Auswanderung glaubwürdig erscheinen lässt

.GerT2 Abs 37

Tatsächlich haben wohl Hunger und blanke Not die Menschen damals dazu bewegt, die Wanderung aufzunehmen. Die Untersuchung von Moorleichen ergab, dass die Menschen besonders während des Winters unter Hunger litten. Bei der Leiche eines 14-jährigen Mädchens konnten Wissenschaftler in den Knochen 12 „Hungerwinter" nachweisen.

Vorratshaltung war unbekannt, und man lebte von der Hand in den Mund. Winterzeit war eben „Hungerzeit". Außerdem sollen sich damals schwere Sturmfluten ereignet haben, die manche Viehweide verschluckt haben. Es werden wohl 100.000 Menschen gewesen sein, die sich auf die gefährliche Wanderung nach Süden machten.

Der römische Historiker Diodorus schreibt:

Zitat:„*Es wälzte sich eine ungeheure Masse heran. Hunderttausende Kimbern und Teutonen waren auf dem Marsch; Scharen von Kindern und Weibern schleppten sie mit sich. Sie waren auf der Suche nach Land, das eine solche Masse ernähren könnte.*"

Der Verfasser von Zedlers Universal Lexicon von 1747 schreibt im 6.Band, fußend auf den alten Berichten verschiedener Quellen die Ereignisse:

Zitat:

„*Cimbri, oder Cembri, Sembri, ein deutsches Volk, welches zu ältesten Zeiten die ganze Halbinsel, so von denenselben benennet worden, von Jütland biß an die Elbe. Die Kimbern, das größte, der drei beteiligten Völker, waren ein altes deutsches Volk, das die ganze Halbinsel vom heutigen Jütland bis zur Elbe bewohnt, und 100 Jahr*

86

vor Christi Geburt durch seinen Ausgang berühmt worden. Es soll der ihr Name so viel seyn als Kämrer oder Kämpfer.

Die Ursachen, die dieses Volk bewogen aus seinem Vaterlande zu wandern, und neue Wohnungen zu suchen waren die übergroße Menge Einwohner und die vielfältigen Ergüssungen des Meeres, welche ihrem vorhin engen Raum noch enger machten, nicht aber Ebbe und Fluth wie einige vorgegeben.

ZedUnLex, 6.Band, Seite 52

Pytheas von Massalia, ein Grieche, dessen Bericht verschollen ist, soll zur Zeit des Alexanders d. Gr. um 330 v. Chr. eine Reise unternommen und unter anderem berichtet haben, dass die Kimbern schon lange auf der Wanderschaft wären, da ihre Äcker durch riesige Sturmfluten zerstört worden seien.

Strabon „Geographica" BdJ, 3. B -246.

Zusammen mit den Kimbern zogen auch die Ambronen, die im Westen siedelten. Die Insel Amrum (Ambrum) erinnert an sie. Die später zu ihnen gestoßenen Teutonen und Tiruginer könnten Teilstämme der keltischen Helvetier gewesen sein.

Die Kimbern zogen zuerst entlang der Elbe bis Böhmen und als sie dort von den keltischen Bojern an der Weiterreise gehindert wurden, gingen sie über die Donau durch das Land Noricum. Daran erinnert noch der Name ihres späteren Anführers „Bojorix. Irgendwann schlossen sich auch die Teutonen der Wanderung an.

Die Kunde von dieser Völkerwanderung verursachte in Rom großen Schrecken. Zum einen war der Zug der Kimbern auf etwa 300.000 Personen angewachsen und zum anderen konnte sich niemand erklären, woher diese Masse Volk stammen könnte. Erst nach den ersten Kontakten mit den Fremden und der ersten Niederlage erkannten die Römer, dass es sich bei den Fremden um einem Stamm aus dem gleichen Volke, wie das des Brennus handelte, der 387 v.Chr, mit seinen Leuten, die Römer nannten sie Kelten, Rom erobert und gegen eine gewaltige Summe Goldes wieder frei gegeben hatte.

Zitat:

Dieser Zug verursachte in Rom einen grossen Schrekken, theils weil die Anzahl derer Feinde auf biß auf 300.000 vergrössert wurde, theils weil man die Art des Volkes nicht kannte, biß man endlich aus den blauen, grimmigen Augen, wie auch aus der großen Leibesgestalt urteilte, daß es Teutsche sein müssen, wodurch aber der Schrecken noch vermehret ward.

Der Bürgermeister Paorius war der erste, der von ihnen bey Noreja eine harte Niederlage erlitten.

ZedUnLex 6.Band Seite 52

Zu dieser Zeit, 117 v. Chr. boten die Germanen den Römern an, für sie Kriegsdienste zu leisten, wenn sie dafür als Sold Land zugewiesen bekämen. Die Römer waren sich aber nicht einig, wie sie mit dem Angebot um-gehen sollten und büßten ihre Schwäche mit dem Verlust von fünf Konsulararmeen.

Zitat:

A.V. 644 liessen die Cimbri und Teutones ihre Kriegs = Dienste denen Römern anbieten, und für den Sold ein Stück Land begehren. Allein ihr Suchen fand so viel weniger statt, weil die Römer damahls unter sich selbst wegen Austheilung derer Aecker zerspalten waren. Diese Verweigerung hat die Römer fünf Hauptarmeen gekostet, welche theils von ihren Generalleutnanten nach Gallien geführet, aber von denen Cimbris und ihrem Anhang entweder geschlagen oder zerstreut worden. Der Bürger-

meister Silanus ward von denen Cimbris und der Bürger-
meister Cassus von Tigurinis erleget, dieser auch selbst
erschlagen. ZedUnLex 6.Band Seite 52

113 v.Chr. überrannten die Kimbern die römische Ar-
mee unter ihrem Anführer Paoirius Carbo bei der Stadt
Noreia. Zum Glück für die römischen Soldaten brachen sie
aber die Schlacht ab, als ein Gewittersturm auf sie
herabprasselte, weil sie glaubten, ihr Gott Donar sei
erzürnt. SH-H 34

Die Teutonen waren inzwischen über den Rhein in
Gallien eingefallen, wo sie auf großen Widerstand, insbesondere von Seiten der Belgen, stießen.

Zitat:

Um der kimbrischen Gefahr Herr zu werden, schick-ten
die Römer weitere vier Armeen nach Gallien gegen die
Kimbern und Teutonen, die aber alle geschlagen oder
zerstreut wurden. So wurden die eine römische Armee
unter ihrem Anführer Silanus von den Kimbern und die
andere unter ihrem Anführer Cassus von den Tigurinern
geschlagen. Cassus selbst fiel im Kampf. Eutropius
Scaurus (Scaurus bedeutet Klumpfuß) hatte das Unglück,
dass er das Heer und seine Freiheit zugleich verlor und
von dem kimbrischen König Bolo getötet wurde.

105 v.Chr. führten Konsul Gnaeus Mallius Maximus
und der Prokonsul Quintus Servilius Caepio jeder ein ei-
genes Heer. Weil sie aber uneins waren schlugen die
Kimbern einen nach dem anderen. Das führte dazu, dass
die Römer an einem Tag zwei Feldlager, 80.000 Soldaten
und 40.000 Tross-Knechte verloren.

Die letzte Niederlage sorgte mit ihrem Bekanntwerden
in Rom für Entsetzen, denn die Erinnerung an den „dies
ater" = „Schwarzen Tag" von 387 v.Chr., als Rom von
Kelten unter ihrem König „Brennus" erobert worden war,

hatte sich in das Gedächtnis der Römer ein-gebrannt. Weshalb die Kimbern nach so vielen Siegen sich aber nicht nach Italien sondern nach Spanien wandten, erschien schon den Zeitgenossen als ein Rätsel.

BdJ, Band 3, Seite254

Nach dieser Niederlage wählten die Römer den Feldherrn und Konsul von 107 v.Chr., Gaius Marius, der eben erfolgreich aus Afrika / Numidien zurückgekehrt war, zum Oberbefehlshaber in Norditalien gegen die Kimbern.

Als Erstes führte Marius eine Heeresreform durch. Er wandelte die römische Miliz-Armee in eine Berufsarmee. Ein Soldat diente 16 Jahre oder 16 Feldzüge seinem Feldherrn, bekam einen festen Sold und einen Anteil an der Beute. Die Soldaten wurden gleich bewaffnet und der Feldherr kam auch für die Veteranen auf. Auch die Ausbildung der Soldaten wurde vereinheitlicht. Eine Legion bestand ab sofort nicht mehr aus Manipeln, sondern aus zehn Kohorten zu 500-600 Mann, also 5000 – 6000 Soldaten. .

Der Umfang des Trosses wurde verringert, das bedeutete, die Legionäre mussten ihre Ausrüstung selbst tragen. Scherzhaft nannte man sie auch die „muli Mariani" – die Maultiere des Marius.

Mit dem Kampf gegen die Kimbern und Teutonen hatte Marius es nicht eilig. Zwei Jahre nahm er sich für die Vorbereitungen Zeit, zumal die Kimbern in das heutige Spanien und die Teutonen in Gallien ihr Unwesen trieben. Mit der Zeit wurden die Kimbern von den Kelt-Iberern aus Spanien verdrängt und vereinigten sich wieder mit den in Gallien verbliebenen Teutonen. Die beiden Völker beschlossen die Römer getrennt anzu-greifen. Teutonen und Ambronen sollten durch die Pro-vence ziehen, während die Kimbern über den Rhein vor-rücken und den alten Weg über das Noricum nehmen sollten.

Zitat:

„Beide Völker ließen einen Teil ihrer Ausrüstung, ne-ben etlichen tausend Mann Bedeckung, am Rhein zurück. Dieser Ausschuss hat sich nachher, nach dem Sieg der Römer, allenthalben durchschlagen müssen, und endlich im gallischen Belgien festen Fuß gefasset, allweg sie nach der Zeit „Atuatici" genennet worden."

Zed. 6.Band Seite 53
Caesar II.Buch, Abs. 4

Marius erschien im 3. Jahr endlich im Feld, hütete sich aber lange Zeit vor einem Treffen indem er sein Heer, derer Feinde und derer Art zu kriegen, erst recht gewohnt machen wollte.

Plutarchus in Mar / Plinius III, 4

Daher er sich in ein wohl befestigtes Lager setzte und zufrieden war, die oft anfallenden Teutonen abzuschlagen, seine Soldaten aber nicht ins Feld rücken ließ. Endlich, da den Teutonen die Zeit zu lang werden wollte, also dass sie aufbrachen und an Marius vorbei zogen, die Römer spottweise fragten, ob sie etwas an ihre Weiber in Rom zu bestellen hätten, folgte ihnen Marius nach und es kam bei Aix (Aquae Sextiae, 102 v.Chr.) zur Schlacht.

Die Teutonen und Ambronen marschierten in zwei besonderen Haufen. Marius griff die Ambronen, so an die 30.000 Mann stark, an und nachdem der dieselben aus dem Felde geschlagen, machte er sich folgenden Tages über die Teutonen her, und erlegte eine ungeheure An-zahl, die übrigen aber machte er zu Gefangenen. Einige von denen flüchtigen Königen derer Teutschen, wurden von den Sequanern angehalten und denen Römern aus-geliefert, worunter insbesondere *Teutobochus* namhaft gemacht und als ein Mann von ungeheurer Größe beschrieben wird.

Die Kimbern hingegen, trieben Catulus, der auf der norischen Seite ihren Einbruch verhindern sollte, zurück und gingen ohne Widerstand über die Etsch. Marius aber zog in aller Eil dorthin und stieß mit Catulus zusammen. Die Kimbern glaubten die Nachricht von der Niederlage der Teutonen nicht und ließen sie bei den Römern um ein Stück Land für sich und ihre Brüder, die Teutonen, ersuchen. Marius gab zur Antwort, dass er ihren Brüdern ihr Land schon angewiesen habe. Im Übrigen ließ er die gefangenen Könige der Teutonen herbeiführen, um sie von deren Niederlage zu überzeugen.

Hierauf erfolgte die Schlacht bei Vercellae, (101 v.Chr.) in der die Kimbern fast gänzlich untergingen. Unter den Gefallenen zählte man zwei Könige, Lucius und Bojorix und unter den Gefangenen Claudicus und Ceserix. Die Kimbern waren 11 Jahre unterwegs gewe-sen.

Die Wanderschaft hat die Cimbrische Nation zwar sehr vermindert und gedemütigt, aber nicht gänzlich ausgerottet, entweder, weil nicht alle ausgezogen waren, oder doch viele von denen Ausgezogenen wieder zurück gekommen sind.

Zitat:

Waffen und Rüstungen der Kimbern:

Die Reiterei führte blanke Waffen und war mit eisernen Helmen, Brustharnischen und weißen Schilden ausgerüstet.

Über den Helmen sah man den Rachen eines grimmigen Tieres und auf demselben einen Federbusch, der den Kerl noch größer machte. Reiter und Fußknechte führten mehrere Wurfspieße und schwere Schlachtschwerter.

Ihr Gemüt war sehr unerschrocken und durch eine fe-
ste Überzeugung von der Unsterblichkeit der Seele, wider
alle Furcht des Todes wohl bewaffnet, Am sonderbarsten
aber sind ihre Helme. Sie sind an den Schläfen mit Adler-
flügeln oder Ochsenhörnern verziert.
BdJ, 3.Buch / Seite 252

17. Caesar

Gaius Julius Caesar entstammt dem alten Geschlecht der Julier. Ilus, der Gründer der Sippe soll ein Sohn des trojanischen Adligen Aeneas und der Göttin Venus gewesen sein.

Caesar hat die europäische Geschichte geprägt und die Folgen seiner Taten wirken bis heute nach. Er hat nicht nur in dem damaligen Gallien, dem heutigen Frankreich und Benelux, sondern offensichtlich auch im heutigen Norddeutschland Kriege geführt und römische Städte gegründet. Außerdem hat er als erster römischer Feldherr in Britanien Fuß gefasst.

Im Folgenden ein grober Überblick.
13.07.100 v.Chr   Gaius Julius Caesar, geboren
59   v.Chr.   Caesar wird zum Konsul gewählt

58-49 v.Chr.		Caesar Prokonsul in Gallien, erobert Gallien bis zum Rhein
56 v.Chr. -		Caesars Offizier unterwirft Veneter
55 v. Chr.		Usipeter und Tenchtherer fallen in Gallien ein.
53 v.Chr.		Caesar lässt Brücke ü. Rhein schlagen
52 v.Chr.		Unter Vercigetorix erheben sich die Gallier, Sieg Caesars bei Alesia
49 v.Chr.		Caesar verhandelt vergeblich mit Senat um die Konsulswürde
49 v.Chr.		10.Jan. Caesar überschreitet den Fluss Rubicon
49-48 v.Chr.		Bürgerkrieg, Caesar versus Pompeius,
48- v.Chr.		09.08. Caesar schlägt Pompeius
46 v.Chr.		Caesar, Diktator auf 10 Jahre
44 v.Chr.		Caesar, Diktator auf Lebenszeit
44 v.Chr.		15. März, Caesar wird mit 23 Dolchstichen ermordet.

Caesars Familie ist nicht besonders reich, aber sie hat gute Verbindungen zu prominenten Römern. So war seine Tante Julia die Frau des Feldherrn Gaius Marius, der die Kimbern und Teutonen besiegt hatte. Gaius Marius wird mehrmals zum Konsul gewählt und führt die Gruppe der „Popularen" im Senat in Rom an. Seine Schwester Julia Minor ist die Großmutter von Gaius Octavius, dem späteren Kaiser Augustus.

Caesar bekleidet etliche Ämter und spendiert den Massen prächtige Spiele, für die er sich hoch verschuldet. Dadurch wird er bei den „kleinen Leute" sehr bekannt.

Bei seinen Unternehmungen erfreut er sich auch der Unterstützung des Marcus Licinius Crassus, der als der reichste Mann seiner Zeit gilt.

59 v.Chr.

Caesar wird zum Konsul gewählt. Seit dieser Wahl betrachtet der einflussreiche Senator Cato Caesar, wegen dessen zahlreichen Rechtsbrüchen, als einen Feind der Freiheit und Caesar ist klar, dass seine Gegner, die Optimaten und andere einflussreiche Senatoren, ihn um jeden Preis vor Gericht stellen und ruinieren wollen. Deshalb ist er darauf angewiesen, ein offizielles, gewähltes Amt zu bekleiden, denn damit ist er immun und kann nicht vor Gericht gestellt werden. Der Hauptvorwurf, den seine Gegner Caesar unterstellen, ist, er wolle die „res publica" (Verfassung) abschaffen und seine Alleinherr-schaft einführen.   Wikipedia / Caesar S. 5

Während der Jahre 58-49 v.Chr. hat Caesar das Amt des Prokonsul in Gallien inne. In dieser Zeit unterwirft er ganz Gallien, das freie Keltenland, bis zum Rhein. Zu-pass kommt Caesar, dass keltische Völker, untereinander zerstritten, ihn um seine Hilfe bitten. Natürlich lässt sich Caesar diese Möglichkeit nicht entgehen und unterwirft letztendlich ganz Gallien.

Trotz seiner erfolgreichen Kriegsführung hatte Caesar in Rom gewaltige Probleme. So drohte Lucius Domitius, ein weiterer Bewerber um das Konsulat, dass er im Falle eines Wahlsieges Caesar seine Heere entziehen würde. Caesar musste befürchten, dass er in diesem Fall nicht nur seine Armee verlieren, sondern auch vor Gericht ge-stellt werden würde.

Deshalb stiftete er Pompeius und Crassus dazu an, dass sie sich ein weiteres Mal um das Konsulat bewerben sollten. Das Manöver glückte. Die beiden Bewerber wurden ein weiteres Mal zu Konsulen gewählt und Caesar das Heereskommando auf weitere fünf Jahre verlängert. Außerdem warb er noch etliche Legionen auf eigene Kosten an.

In den nächsten Jahren unterwarf Caesar ganz Gallien und machte es zur römischen Provinz. Sein Feldzug soll nach Ansicht zeitgenössischer Historiker einer Million seiner Gegner das Leben gekostet haben.

56 v.Chr. Caesars Offizier Decimus Junius Brutus Albinus besiegt die Veneter in der heutigen Bretagne.

55 v. Chr. Zwei germanische Völker, die Usipeter und die Tenchtherer, fallen in Gallien ein.

Wie Caesar berichtet, wehren sich die Usipeter und die Tenchtherer jahrelang gegen die Macht der Sueven, werden aber dennoch aus ihrer Mark vertrieben. Sie ziehen drei Jahre lang in Germanien umher und kommen an den Rhein. Sie vertreiben ihrerseits die beidseits des Rheins siedelnden Menapier und leben den Winter über von deren Vorräten.

Caesar nimmt Waffenstillstandsverhandlungen mit ihnen auf, als es zu einem kleinen Zwischenfall zwischen einer Abteilung der gallischen Hilfstruppen und den Germanen kommt.

Caesar nimmt dieses, eigentlich unbedeutende Ereignis zum Vorwand und lässt die Häuptlinge der beiden Stämme, die zu ihm gekommen sind, um sich für den Vorfall zu entschuldigen, mit ihrer Begleitung verhaften. Dann fällt er mit seinen Truppen über die nichts ahnen-den und ihrer Führung beraubten germanischen Krieger in ihrer Wagenburg her. Nach seinen Angaben sterben

430.000 Menschen. Die Römer haben keinen einzigen gefallenen Soldaten zu beklagen.   Cae /IV.Buch, 1-15

Die Gefangennahme der Häuptlinge und ihrer Begleiter, die zu Waffenstillstandsverhandlungen zu Caesar gekommen waren und der Überfall auf die, ihrer Führung beraubten Germanen, wurde sogar in Rom als eine Verletzung des Völkerrechts angesehen.

Zu seiner Verteidigung schreibt Caesar im 4.Buch:

Zitat:

*Nach diesem Treffen (*Er meint den unbedeutenden Vorfall zwischen den gallischen Hilfstruppen und den Germanen) *dachte Caesar, er habe nun nicht mehr die Abgesandten zu empfangen, noch Vorschläge von Leuten anzuhören, die nach begehrtem Waffenstillstand betrügerisch und heimtückisch aus eigenem Antriebe Feindseligkeiten angefangen hätten, und hielt es zugleich für die größte Thorheit, des Feindes Verstärkung und die Ankunft seiner Reiterei abzuwarten. Er bemerkte ferner, wie viel Ansehen sich der Feind bei der bekannten Unzuverlässigkeit der Gallier durch dieses eine Treffen bei ihnen erworben habe und hielt es für gut, ihnen keine Zeit für Entschließungen zu lassen. Nachdem Caesar also beschlossen und sein Vorhaben den Legaten und dem Quästor mitgeteilt hatte, bot sich die schönste Gelegenheit, das Treffen keinen Tag länger zu verschieben. Die Germanen kamen nämlich am Tage darauf frühe mit der gleichen Treulosigkeit und Verstellung in großer Anzahl mit allen Fürsten und Ältesten zu Caesar ins Lager, theils um sich, ihrem Vorgeben nach, zu entschuldigen, daß man am Tage vorher gegen die Verabredung und ihr Be-gehren angegriffen habe, theils aber auch um ihn wo-möglich durch einen zu erlangenden Waffenstillstand zu hintergehen. Caesar war froh, sie in seiner Gewalt zu*

haben und ließ sie im Lager festhalten, dann brach er mit
dem ganze Heere auf. Die Reiterei (gallische Hilfstruppen) *musste jetzt den Nachtrab machen, weil er sie von*
dem vorhergehenden Treffen für noch zu bestürzt hielt.

Der Gallische Krieg" 4. Buch, Abs. 13

Der römische Autor Sueton schreibt über das Verhalten
Caesars:

Zitat:

„Seitdem ergriff er (Caesar) begierig jede Gelegen-
heit zum Kriege, selbst wenn es ein ungerechter oder
gefährlicher war, und griff ebensogut verbündete wie
feindliche und barbarische Völkerschaften ohne Grund an,
ja er trieb dies so weit, dass in einem gewissen Falle der
Senat den Beschluss fasste, eine Untersuchungs-
kommission nach Gallien abzuschicken, und einige Se-
natsmitglieder sich sogar dahin aussprachen, man müsse
ihn den Feinden ausliefern. Da jedoch alle seine
Unternehmungen glücklichen Erfolg hatten, setzte er es
durch, dass ihm öfter und längere Dankfeste zuerkannt
wurden, als je einem anderen vor ihm.

Sueton, Julius Caesar, Kap.24

Nach dem Krieg gegen die Usipeter und die Tenchtherer, fasst Caesar den Entschluss eine Brücke über den
Rhein schlagen zu lassen und in das „freie" Germanien
einzufallen. Dabei könnte er seinen Bericht etwas im Sinne
seiner politischen Absichten „frisiert" haben. Die Zahl der
getöteten Usipeter und der Tenchtherer, 430.000 Personen,
scheint für die zwei Stämme doch etwas zu hoch gegriffen,
angesichts der 200.000 Bewaffneten, die er den Sueven,
einem Stammesverband von mehreren Völkern, zubilligt.

Natürlich schreibt Caesar sein Buch nicht als Historiker, sondern er benutzt den Bericht um sich als einen fä-

higen Soldaten und Politiker darzustellen. Caesar ist darauf angewiesen, dass er immer wieder in ein offizielles Amt gewählt wird und damit nicht vor einem Gericht angeklagt werden kann. Die Liste seiner Vergehen und seiner Gegner im Senat ist lang. Der schlimmste Vorwurf, der gegen ihn erhoben wird, ist die Unterstellung, dass er die Verfassung, „res publica", abschaffen und durch seine Alleinherrschaft ersetzen will.

Möglicherweise beschreibt Caesar in seinen Bericht über die Schlacht gegen die Usipeter und die Tenchthe-rer, den Verlauf eines Gefechtes gegen die Sueben. Der ganze Ablauf der Ereignisse passt eher auf ein großes Volk als auf zwei einzelne Stämme. Vielleicht wollten die Sueven selbst nach Süden ziehen, in das Land mit dem warmen Klima und den vielfältigen Früchten…

Dafür spricht auch in dem Bericht Caesars über die Tenchtherer und Usipeter, die er möglicherweise gegen die Sueben ausgetauscht hat, dass die Menschen sich in einer gewaltigen Wagenburg versammelt hatten und ihre Anführer sich zu Verhandlungen bereit fanden. Ihrer Stärke und ihres wilden Rufs gewiss, hatten sie offensichtlich keinerlei Vorkehrungen für den Fall, dass Cae-sar sie während der Verhandlungen angreifen könnte, getroffen.

Das würde bedeuten, dass Caesar zuerst die beiden Stämme, die Usipeter und die Tenchtherer besiegt hat. Darauf lässt er eine Brücke über den Rhein schlagen.

In seinem Buch „Der Gallische Krieg" schreibt er:
Zitat:

„Innerhalb von zehn Tagen, nachdem man mit der Herbeischaffung des Holzes begonnen hatte, war der ganze Bau fertig. Das Heer ging über den Strom und Caesar nahm seinen Weg in das sigambrische Gebiet,

nachdem er eine starke Bedeckung an beiden Seiten der Brücke zurück gelassen hatte."   Cae 4.Buch, Abs. 18

Praktischerweise hat ihn zu diesem Zeitpunkt ein rechtsrheinisches Volk, die Ubier , die als einziges Volk Gesandte an Caesar mit der Bitte um Freundschaft geschickt und Geiseln gestellt hatten, um Beistand gegen die übermächtigen Sueven gebeten. Caesar schreibt über die Bitten wörtlich:

Zitat:

„ (Sie, die Ubier)…baten ihn inständig um Hilfe ge-gen die harten Bedrückungen der Sueven oder, wenn Caesar bei seinen Unternehmungen für den Staat daran gehindert sei, nur mit dem Heere über den Rhein zu gehen. Das wäre ihnen schon Trost und Hilfe für die Zu-kunft genug…"
Cae 4.Buch, Abs.16

Weiter erfuhr Caesar im Lande der Ubier. *„…die Sueven hätten auf die Nachricht ihrer Späher von dem Brückenbau einen Landtag abgehalten und Boten nach allen Gauen geschickt mit dem Befehle, die Wohnungen zu verlassen und Kinder, Weiber, Hab und Gut in die Waldungen zu flüchten. Ihre ganze waffenfähige Mannschaft wäre aufgeboten, an einem Orte zusammenzukommen und dazu sei die Mitte des Suevenlandes bestimmt worden; hier hätten sie beschlossen, die Römer zu erwarten und zu schlagen."*   Cae 4.Buch, Abs. 19

Vielleicht war die Situation etwas anders. Caesar hatte erfahren, dass die Sueven sich sammelten und beschlossen hatten, ähnlich wie die Kimbern einige Jahrzehnte zuvor, mit dem ganzen Volk nach Süden zu wandern. Das würde erklären, warum Caesar unbedingt eine Brücke über den Rhein schlagen ließ, denn eine Brücke war we-sentlich sicherer als eine Anzahl von Schiffen. Auch die Tatsache, dass er an beiden Enden der Brücke jeweils ei-ne größere

Anzahl Soldaten stationiert hatte, zeigt dass er damit rechnete, dass es zu einer Auseinandersetzung kommen könnte und er sich mit seinen Truppen schnell über den Rhein zurück ziehen müsste.

Offensichtlich hatte er den ganzen Feldzug genau geplant. Dazu passt auch der „Hilferuf" der Ubier, der ihm den perfekten Vorwand für das Vorgehen gegen die Sueven lieferte. So ist Caesar mit seinen Truppen quer durch das Land der Sueben bis in die Gegend von **Agenticum** (Aken) gezogen und hat die Sueben geschlagen.

Der Verlauf und die Umstände der Schlacht gegen die Sueven sind wahrscheinlich von ihm beschrieben wor-den, allerdings hat er die Sueven gegen Usipeter und Tenchtherer ausgetauscht. Er hat dies mit Rücksicht auf seine Leser getan, denen der Schrecken über die Kimbern und Teutonen, die einige Jahrzehnte zuvor das römische Reich bedroht hatten, noch in den Knochen saß. Auch die Erinnerung an „Brennus", der 387 v.Chr. an dem „dies ater" (schwarzer Tag) erst nach der Zahlung eines gewaltigen Lösegelds Rom wieder freigab, war noch immer lebendig.… Der Überlieferung nach handelte es sich bei Agenticum um die sagenhafte Hauptstadt des Brennus.

53 v.Chr Caesar führt seine Truppen ein weiteres Mal über den Rhein in Richtung Germanien.

52 v.Chr. Unter ihrem Anführer Vercingetorix, dem Fürst der Arverner, erheben sich die Gallier gegen die römische Fremdherrschaft. Caesar bleibt aber in der Schlacht um Alesia siegreich.

Nach Plutarch kommen in den Kriegen Caesars eine Million Gallier ums Leben und eine Million wird versklavt.   (Wikipedia)

49 v.Chr. Caesar verhandelt mit dem Senat über die Konsulswürde, um mit diesem Amt vor gerichtlichen

Nachstellungen seiner Gegner sicher zu sein, hat damit aber keinen Erfolg. Seine Gegner im Senat haben die Mehrheit. Deshalb, *„um seine Würde zu wahren"* (Zitat Caesars) überschreitet er am 10.Januar 49 v. Chr. mit der XIII. Legion (Legio XIII Gemina) den Grenzfluss Rubicon trotz des Verbots durch den Senat und eröffnet damit den Bürgerkrieg. Sein Gegner ist Pompeius, der vom Senat eingesetzte Feldherr.

48 v. Chr. Caesar wird wieder zum Konsul gewählt.

Am 09.08.48 v.Chr. werden Pompeius und seine Legionen von Caesars Truppen vernichtend geschlagen, er selbst von den Ägyptern geköpft und sein Kopf Caesar präsentiert.

46 v.Chr. Caesar lässt sich zum Diktator auf 10 Jahre ernennen.

44 v.Chr. Anfang des Jahres 44 v.Chr. wird Caesar zum Diktator auf Lebenszeit ernannt.

Am 15. März 44 v.Chr. fällt Caesar einem Attentat zum Opfer. Er stirbt an 23 Dolchstichen.

Den ersten Stich führte Cimber Tullius.

ZedUnLex. 5. Band, Seite 93
https://de.wikipedia.org/wiki/Gaius_Julius_Caesar

Orte mit Bezug zu Caesar

In der Überlieferung, in alten Büchern, findet sich mancher Hinweis auf die Anwesenheit und die Aktivitäten der Römer in Norddeutschland. So finden sich auch einige Artikel, in denen bekannte römische Politiker erwähnt werden. Im Fall Caesar trifft es auf folgende Orte zu:

18. Aken *(Aacken)*

Aken soll eine alte Stadt mit Namen Agenticum.(Agedicum), die Hauptstadt, der Sueben / Semnonen und die Residenz des Brennus, des Königs der Semnonen, der 387 v. Chr. Rom eroberte, gewesen sein.

Es wird berichtet, dass die Stadt ursprünglich auf einem Gelände in der Nähe der heutigen Stadt Aken gestanden hat, wo heute Äcker liegen und die Fläche deshalb „Die alte Stadt" genannt wird.

Da die Gegend nach der Vertreibung der Wenden 1115 ziemlich leer stand, siedelten Herzog Heinrich der Löwe zu Sachsen, und Marggraf Albrecht der Bär zu Brandenburg, in dem Gebiet eine Kolonie aus Brabant an. Die Neubürger gaben der Stadt den Namen der alten Reichsstadt Aachen.

Zitat:

Acken, lateinisch Aquae und vielleicht auch Aquae Saxoniae ist eine uralte Stadt, Schloss und Amt des Herzogtums Magdeburg, hart an der Elbe und an den anhaltischen Gränzen. Nach Gundlings Vorgeben soll sie das alte **Agenticum** *sein, welche Stadt aber, wie aus* **Caesare** *zu ersehen, der Semnoner Hauptstadt in Gallien gewesen ist. Andere vermelden, daß es der alten* **Suevonen** *und* **Semnonen** *Hauptstadt, und ihres Königs* **Brennus***, welcher Rom eingenommen hat, Residenz war. Ehedessen soll diese Stadt an dem Ort gestanden haben, wo jezund die breiten Aeker befindlich sind, als welche Gegend auch noch jezho die alte Stadt genennet wird. Nicht we-niger trift man ebenfals noch einige Spuren von Wällen und Graben allda an, dund man vermuthet daher nicht sonder Fug, daß Kriegsnot und andere ihr zugestossene Widerwärtigkeiten die Einwohner genötigt haben, die alte Stadt zu verlassen, und an dem besagten Orte die neue aufzubauen. Schon zu Caroli Magni Zeíten war sie in* *gutem Stande, nachgehends kam sie an die Ottonen und dann an das anscharische Haus. Als unter des Königs Heinrich des Voglers Regierung die Wenden dörtherum große Unordnungen anrichteten und dieselben darauf von dem Grafen Ottone dem Reichen im Jahre 1115, wie schon gedacht bei Köthen in großer Menge geschlagen, und in selbiger Gegend über die Elbe gejagt wurden, ist sie lange Zeit bei dessen Nachkommen geblieben, bis sie hernach Herzog Heinrich der Löwe, zu Sachsen, und Markgraf Albrecht, der Bär, zu Brandenburg mit einer Kolonie aus Braband besetzt hat, welche ihr den Namen von der Reichsstadt Aachen beygeleget* hat.

Elbst. 489 – 490

Andreas Angelus *in seiner Märckischen Chronik vermeynet/, dass Acken vom König* ***„Brenno"*** *seye erbauet worden.* MerNi 21

Caesar *verlegte hierauf zwei Legionen in das Trevirerland, eben so viele in das lingonische Gebiet und die übrigen sechs nach* ***Ageticum*** *im Staate der Semnonen...*

Cae, 6.Buch, Abs. 44

19. Ihlenburgk
(Ihleburg)Lat. *Ilenburgum*

Ilenburg / lat. Ilenburgum wurde möglicherweise zwei Mal gegründet. Zum einen gründete Caesar auf seinem Feldzug in Nord-Germanien die Stadt Ilenburg / Eilenburg, zum anderen kam es offensichtlich zu einer „Neugründung" durch Nero Claudius Germanicus (15 v.Chr.- 19 n. Chr.), Sohn des Nero Claudius Drusus (38 v.Chr.- 9 v.Chr), des Bruders des späteren Kaisers Tiberius.

Bei der Ihleburg könnte es sich ursprünglich um den von Caesar errichteten Tempel für die Göttin Venus handeln.

Zitat:

Schloß und Stadt in Meissen / von Ilno oder Ilba ei-nem Grafen gebauwet / wie Johannes Garco „Bononien-sis" anzeiget / oder von **Keyser Julii** *(Caesar) Kriegsvolk auffgerichtet / wie die Annales Brunsuicenses melden. Andere wöllen / sie sey von* **Claudio Druso Germanico** *angefangen / denn Keyser Julii Kriegvolk so weit nit kommen / zwischen der Saal und Elbe/ Es kann aber wohl seyn / daß dieser Ilno zur Zeit Drusi / ein Hauptmann gewesen / die Burgk Ilenburg anfenglich gebauet.*

PTU 45, 95, 96, TUR 125, 126

Mögliche Erklärungen:

Bei der einzeln abgelegen liegenden Burg „Ihlenburg" könnte es sich ursprünglich um den von Caesar erbauten Tempel für die von ihm verehrte Göttin Venus handeln. Dafür spricht, dass das Heiligtum von feindlichen Truppen verschont / übersehen wurde. Erst Karl d.Gr. plünderte das Heiligtum und ließ von den erbeuteten Schätzen eine Kirche erbauen.

20. Mesuium

Für die von Caesar errichtete Festung bietet sich eher der heutige Ort „Burg" an, der nach neuesten Forschungen mit dem etwa 20 Km nordöstlich von Magdeburg an der Elbe liegenden, antiken Ort *Mesuium* identisch ist.

PtolGer 48

Zitat:

Mesuium (Mersuium, griech. Mersoion) Nach Steche war Mesuium ein Handelsplatz der Angeln an der Elbe gegenüber Wittenberge... Die Analyse der antiken Koordinaten bestätigt die Lokalisierung an der Elbe; danach könnte es bei Burg an der Elbe gelegen haben. Mesuium lag an einer bedeutenden West-Ost-Verbindung, dem Hellweg, der bei Burg die Elbe überquerte.

PtolGer 48, 49

21. Magdeburg,
Hansestadt

Magdeburg war eine „erzbischöfliche und Hansestadt". Im Jahre 47 v.Chr. soll Julius Caesar die Burg Magdeburg erbaut und nach der Göttin Venus benannt haben.

Zitat:

Magdeburg, so hier im Kupfer erscheinet, ist die Hauptstadt des Herzogtums gleiches Namens, auch ehemals eine erzbischöfliche und Hansestadt gewesen. Wie sie denn auch noch gegenwärtig eine der berühmtesten und feinsten Städte in Deutschland ist. Einige halten dafür, **Julius Caesar** *habe sie sieben und vierzig Jahre vor Christi Geburt das Schloss Magdeburg gebauet, und nach der Göttin* **Venus** *genennet, welches aber nicht alle glauben wollen.* Elbst. 557-558

Zur Zeit des Kaisers Augustus, als sein Stiefsohn Drusus wenige Jahre vor Christus blutige Kriege in Deutschland führte, soll Magdeburg erst an der Elbe angelegt worden sein. Die Statue der Göttin Venus soll nicht weit von der Elbe in der alten römischen Burg, die man später das Burggrafenschloss nannte, aufgestellt worden sein. Dieses alte Magdeburg wurde teils von den benachbarten Wenden im neunten Jahrhundert, teils von den Hunnen im 10. Jahrhundert völlig verwüstet und eingeäschert. Magdeburg erholte sich zwar etwas, blieb aber dennoch viele Jahre ein offener Ort, ohne Mauern und Tore, den man nur ein armseliges Dörfchen nennen konnte.

Die Ansicht, dass das heutige Magdeburg die Stadt Amagetobriga oder Magetobriga gewesen sein könnte, ist unwahrscheinlich. Der Autor Gundling hält Magdeburg für das „Melovium" der Karte des Ptolemaeus .

Der Name Magdeburg kann nach Ansicht der Autoren nicht auf die römische Göttin Venus und ihre drei Gratien zurückgehen, weil die Römer nach deren Ansicht gar nicht so weit gekommen waren. Nun hat aber die moder-ne Wissenschaft nach Untersuchung der Ptolemaeischen Karte festgestellt, dass „Mesuium" im Raum des Ortes „Burg" etwa 20 Km östlich des heutigen Magdeburg gelegen hat.

Ob die germanische Liebesgöttin *Astar* oder *Ostar* bei dem Namen Magdeburg Pate gestanden hat, ist unwahrscheinlich, einzig der griechische Name „Partenopolis" (Stadt der Jungfrau) und das Wappen der Stadt in dem eine Frau mit einem Kranz in der Hand zu sehen ist, deuten auf einen weiblichen Einfluss in der Gründungs-zeit der Stadt.

Zitat:

Andere sagen, es wäre Magdeburg etwann zur Zeit des Kaisers Augusti, da dessen Stiefsohn Drusus blutige Kriege in Deutschland geführet hat, wenig Jahre vor Christi Geburt erst an der Elbe angelegt worden und es soll gemeldete Abgöttin Venus in der alten Römischen

Burg, so man hernach das Burggrafenschloss genennet hat, ohnweit der Elbe gestanden haben.

Dieses alte Magdeburg wurde theils von den benachbarten Wenden im neunten, theils von den Hunen im zehnten Jahrhundert erschrecklich eingeäschert und verwüstet, worauf es sich zwar nach und nach in etwas wieder erholte, aber doch nur ein offener Ort ohne Thoren und Mauren bliebe, und viele Jahre nichts anders, als ein schlechtes Dörfgen heissen konnte.

Dass sie des Juli Caesaris Amagetobriga *oderMage-* tobriga *sey, wird für falsch gehalten; ob sie aber Ptolemäi* Melovium *sey, woraus Merseburg, Medeburg worden, wie Gundling will, ist ungewiß; doch hingegen bekannt, daß ihrer zu den Zeiten der Carolinger unter dem Namen Magathaburg oder Magdeburg gedacht worden. Den Namen bekannt auch nicht von der Römischen Göttin Venus und ihren drey Gratien, weil die Römer einiger Vorgeben nach, niemals dahin sollen gekommen seyn.*

Ungewiss ist es ferner, ob der Deutschen Liebesgöttin Astar oder Ostar, oder auch die Deutschen Amazoninnen zu dieser Benennung Gelegenheit gegeben; daß selbige aber von dem deutschen Wort Magd oder Jungfer und Burg schon vor uralten Zeiten hergeleitet worden, zeiget die griechische Benannung „Parthenopolis" derer sich schon Sigebertus Gemblacemsis bedienet hat, und das Wappen dieser Stadt an, in welchem eine Frauensperson mit einem Kranz in der Hand zu sehen ist. Elbst. 560

Zitat:

Dass sie, Amagetobriga *oder* Magetobriga *des Julius Caesars sey, ist falsch, ob sie das* Mesovium *des Ptolemaeus, woraus Merseburg, Medeburg worden, ist ungewiß; dieses aber bekannt, dass ihrer zu den Zeiten der*

Carolinger unter dem Namen Magathaburg oder Magdeburg gedacht wird.

Daß selbige (diese Benennung) aber von dem deutschen Wort Magd schon von uralten Zeiten hergeleitet worden, zeigt so wohl die Griegische Benennung „Parthenopolis, die Siegebertus Gemblacensis schon gebraucht als auch das Wappen der Stadt an, in welchem eine Frauens=Person mit einem Kranz in der Hand vorkommet.

ZedUnLex 19.Band Seite 235, 236

Möglicherweise gab es in Magdeburg drei Zentren, die auf die Römer zurückzuführen sind.

Die von Caesar im Jahre 47 v. Chr. erbaute Festung, auf der Gemarkung des heutigen Orts „Burg", die man später das Burggrafen-Schloss nannte. In die-sem Gebiet konnte auch das „Mesuium" des Ptole-maeus, etwa 20 km flussaufwärts von Magdeburg, durch die Entschlüsselung der Liste des Ptolemaeus festgestellt werden.   PtolGer 48

2.   Bei dem zweiten Zentrum handelt es sich um den ehemaligen Tempel der Göttin Venus, die heutige Burg Ihlenburg, und den gleichnamigen Ort. Dafür spricht auch ein Zitat in dem Buch „Merian Niedersachsen 1653":

Zitat:

Andere aber, deren Meinung auch Brottuff ist, schreiben, dass die Göttin Venus etwas weiter von der Burg nach der Elbe hin, in einem besonderen Tempel gestanden, der auch nachdem der Flecken und die Burg Magdeburg von den Hunen und Wen-den zerstört worden war, um der Göttin Venus wil-len stehend geblieben.   Mer.Ni.166

3.   Ein weiteres Zitat berichtet, dass auch Drusus, ein römischer Feldherr und Bruder des späteren röm.

Kaisers Tiberius, in Magdeburg seine Spuren hinterlassen hat.

Zitat:

Johannes Pomarius, gewester Pfarrer allhie zu St.Peter in Magdeburg schreibt unter anderem: „Die Stadt Magdeburg ist sehr alt / wird dafür gehalten / daß sie anfangs vom Drusus erbauet worden / an dem Ort / da hernach St.Marien Mag-dalenen Closter / in der Rinckmauren der Alten Stadt / an St.Peters Kirchhofe / neben der Elbe ge-standen: Und soll der alte, rote runde Thorm / der aus Ziegelsteinen gemacht ist / noch von derselben alten Römischen Burg übrig sein."

Pyrckamerus hält Magdeburg für deß Ptolemaei Mesovium.   *Mer 166*

Zitat:

Magdeburg, eine Reichsstadt in Sachsen an der Elbe / von der Venere Parthenia / die allda geehret/ also genannt Parthenopolis oder Castrum Puellarum, das ist Magdeburg   PTU 75

Ptolemaeus „*Mesuium*" (Magdeburg)

Die moderne Forschung hat festgestellt, dass das *Mesuium* des Ptolemaeus auf dem Gebiet der Stadt Burg, etwa 20 km nordöstlich von Magdeburg gelegen hat.

PtolGer 49

Zitat:

Nun ist der Römer Brauch gewesen / ihrer Götter und Göttinnen Tempel / in / oder neben ihre Bürge zu setzen / und dieselbigen nach den Abgöttern zu nennen. Weil denn bei der alten Römischen Burg allhie / die Abgöttin Venus, welche auch Magada / wie Brottuff schreibet / geheissen /

110

samt den Gratiis, ihren Mägden / gestanden / und ihr auch sonsten Mägde zu Priesterinnen / und Dienerinnen / zugeordnet gewesen / ist kein Zweifel / daß der Nahme Maydeburg / oder Magdeburg / von der Ve-nere und ihren Mägden / und der Statt bis daher geblieben seye. Daher sie auch „Parthenopyrga", „Par-thenope"und „Parthenopolis" zu Griechisch heisset.

Mer.Ni. 166

Zitat:

Magdeburg, eine Reichsstadt an der Elbe / von der Venere Parthenia / die allda geehret / also genannt Parthenopolis oder Castrum Puellarum / das ist Magdeburg.

PTU 75

Zitat:

Es komt eigentlich der Name Magdeburg der Altstadt Magdeburg ganz allein zu, indem die Sudenburg und die Neustadt nur Vorstädte gewesen sind. Ob nun wohl von dero Alterthum viel ungewisse Dinge erzählet werden; So ist doch dies gewiß, und es erhellet auch aus den ältesten unstreitigen Urkunden, daß sie schon zu Caroli Magni müsse in einiger Betrachtung gewesen seyn. Gestalten beim Anfesgifo Confit. Caroli M. L. III. C. 6.(7) Der Kaufleute gedacht wird, die nach Magdeburg handelten, und ihnen zugleich verboten wird, den Schapen und Havaren, Waffen noch Brunias (so nach Lutheri Erklärung in Etymol. Germanic.nom.galeae cristatae, oder eine Art der Helme gewesen) zuzuführen, mit der Bedrohung, daß, wo sie darauf betroffen würden, ihre Waaren bekannt als verfallen eingezogen werden. Folglich muß zu seilbiger Zeit schon die Kaufmannschaft zu Magdeburg groß gewesen sein.

Siehe Meib Chron. Monat. Berg.   Elbst 560

Zitat:

„Die Annales Magdeburgenses berichten/ daß diese Abgöttin allhie zu Magdeburg/ in dem alten Römischen Schlosse/ so das Burggraven Schloß hernach geheissen/ an der Elbe/ von dem hie oben/ gestanden seye. Andere aber/ deren Mainung auch Brotuff ist/ schreiben/ dass die Abgöttin Venus etwas weiter von der Burgk/ nach der Elbe warts/ in einem besonderen Tempel gestanden/ welcher auch hernach/ do gleich der Flecken/ und die Burgk Magdeburg/ von den Hunen/ und Wenden/ zer-störet/ dennoch umb der Abgöttin Verneris (Gen. v. Venus) willen/ stehend geblieben: Und soll auch die Venus darinnen/ biß zur Zeit Caroli M. geehret worden seyn; welcher diesen Tempel / sampt der Venere, (Venus) zerstört/ und das Gelt und Schatz/ zur Erbawung S.Stephans Kirche/ dahin gelegt/ wiederumb angewendet hat: Welche Kirch aber/ sampt Magdeburg/ Anno 782 von den Wenden/ Hunen und Böhmen/ in Grund zerstöret/ und verbrannt worden. Darnach hat sich die Elb ergossen/ und was vom Feuer am Mauerwerk/ und sonsten entkom-men war / vollend eingewaschen / und niedergeworfen."

MerNi 166-167

Der Autor von Zedlers Universallexikon schreibt un-ter anderem über Magdeburg:

Zitat:

Magdeburg, vor Zeiten Maydenburg, lat. Parthenope, Mesuium, Magdeburgum und Parthenopolis genannt, liegt an der Elbe.

Dass sie Amagetobriga oder Magetobriga des Julius Caesars sey, ist falsch; ob sie das Mesovium des Ptolemäus , woraus Merseburg, Medeburg worden, ist ungewiss. Den Namen kann sie nicht … von Editha, der Gemahlin Ottos haben, …noch von der römischen Göttin Venus und ihren drei Gratien, weil die Römer niemals hierher gekommen. Daß selbige (Benennung) von dem deutschen Wort Magd schon von uralten Zeiten hergeleitet worden, zeigt so wohl die griechische Benennung „Parthenopolis", die **Siegebertus Gemblacensis** *schon gebraucht, als auch das Wappen der Stadt an, in wel-chem eine Frauens=Person mit einem Kranz in der Hand vorkommen.*

Einige halten davor Julius Caesar habe 47 Jahr vor Christi Geburt das Schloss Magdeburg gebauet. Andere sagen, es wäre etwa zur Zeit des Kaisers Augustus, da sein Stiefsohn Drusus blutige Kriege in Deutschland geführt hätte, wenige Jahre vor Christi Geburt erstlich an der Elbe angelegt worden.

Magdeburg, *ZedUnLex* 19.Bd/ Seite 235, 236

Laut Überlieferung gründet Caesar 47 v. Chr., drei Jahre vor seinem Tod in Rom, 44 v. Chr. die Stadt Magdeburg, indem er eine Burg und einen Tempel für die Göttin Venus errichten lässt. Zu der Göttin Venus hat er eine besondere Beziehung, denn seine Familie, die Julier, führt nach der Sage ihre Herkunft auf die Göttin Venus zurück, die als Gattin des Aeneas, der aus Troja entkommen konnte, die Dynastie begründet haben soll. Dazu passt, dass Caesar nach seiner Rückkehr auch in Rom einen Tempel für die Göttin Venus erbauen ließ.

Als Ort für Caesars Burg spricht viel für den Ort „Burg", etwa 20 Kilometer flussaufwärts von Magdeburg und auch die Feststellung, dass im Gebiet von Burg der historische, von Ptolemäus überlieferte Ort „Mesuium" liegt.

Zum einen hat die Entschlüsselung der Ptolemaeischen Ortsangaben für „Mesuium" den Ort Burg ergeben, (Ptol 26, 48) und auch in der Formulierung: „...es soll gemeldete Abgöttin Venus in der alten römischen Burg, so man hernach das Burggrafenschloss genennet hat, ohnweit der Elbe gestanden haben," spricht durch das Wort „ohnweit" für eine gewisse Nähe zur der Elbe.

Zum andern passt dazu, was Johannes Pomarius, gewester Pfarrer in Magdeburg in dem Buch „Merian Topographia Germaniae 1653" geschrieben hat:

Zitat:

„Die Stadt Magdeburg ist sehr alt / wird dafür gehalten / daß sie anfangs vom Druso (Drusus) erbauet worden / an dem Ort / da hernach S.Marien Magdalenen Closter / in der Rinckmauren der Alten Stadt / an S.Peters Kirchhofe / neben der Elbe gestanden."

Mer.Ni. 166

Das kann man so verstehen, dass es tatsächlich drei verschiedene Ursprünge für Magdeburg gegeben hat. Einerseits die Gründung ohnweit der Elbe, bestätigt von der Ptolemaeischen Karte, durch Caesar im Jahr 47 v.Chr., andererseits der Tempel der Göttin Venus an der Stelle der Ihleburg, die der Sage nach von „*Kaiser Julii Kriegsvolk aufgerichtet*" und drittens, die Siedlung neben der Elbe, gegründet von Drusus auf dem Stadtgebiet des späteren Magdeburgs.

Magdeburg könnte das von Caesar zitierte „Amagetobriga oder Magetobriga sein. Bei dieser Stadt fand die Schlacht zwischen den Sueben (Ariovist) und den Haeduern statt.

Cae 1/31

In der Publikation „Magdburger Chronik" „*www.magdeburger-chronist.de/md-chronik/index. html*" berichtet der Verfasser:

Zitat:

„Andererseits gibt es Geschichtsschreiber, die die Stadt nicht von Caesar, sondern etwas später von dem

114

*Römer Drusus, dem Stiefsohn des ersten Kaisers Augustus gegründet werden lassen. Späterhin trat an die Stelle der Göttin Diana die Venus mit ihren Priester-innen. Ja ein Magdebuger Geschichtsschreiber aus dem 16.Jhd., Andreas Werner, Prediger in dem benabarten Wolmirstedt, erzählt, dass Caesar die Stadt zum Wohlgefallen seiner Geliebten namens **Parthena** gebaut und benannt habe..."*

Die Erinnerung an Caesar war im 16.Jhd. anscheinend noch vorhanden, aber wurde im Geist der Zeit ausgeschmückt.

Zitat:

Einige halten davor, Julius Caesar habe 47. v. Chr. das Schloß Magdeburg gebawet. Andere sagen, es wäre etwa zur Zeit Kaysers Augusts, da sein Stiefsohn Drusus blutige Kriege in Deutschland geführt hätte, wenige Jahre vor Christi Geburt, erstlich an der Elbe angelegt worden.

Magdeburg soll 781 oder 782 von den Wenden, 992 aber von den Hunnen ganz abgebrannt worden sein. Auch 982 und 1013 von den Polen und den Wenden sehr mitgenommen...   ZedUnLex 20. Band, Seite 235

22. Eilenburg

Eylenburg, Eylenberg,

ehemals Ilebruch, Pleborg, Ilborch, / Lat. Ileburgum, Zitat:

Eine Stadt nebst einem alten Bergschlosse und Amte in Meissen an der Mulda, in dem Leipziger Creisse, 3 Meilen von der Stadt Leipzig, dem Chur=Fürsten von Sachsen gehörig.

Wenn sie erbaut worden, kann man eigentlich nicht sagen, denn sie ist sehr alt. Der Name Eilenburg wird ohne Grund von **Julio Caesare**, *oder Ilone, einem Gra-fen, welche von einigen vor die Erbauer dieses Orts gehalten werden, hergeleitet. Wahrscheinlicher ist's, daß er seinen Ursprung von dem alten Volk der Linger oder Ilinger hat, womit das Slavische oder Wendische Volk derer Lingonum oder Linorum eine Verwandtschafft zu haben scheint.*   *ZedUnLex. 8.Band Seite 516*

Zitat:

Eine Stadt in Meißen / oder wie theils sagen / im Osterlande / aber zum Chur-Creysse gerechnet / unnd an der Mulda gelegen / so theils gar für alt halten / und sagen / sie sei von den Ilingis, theils daß sie zun Zeiten Julij Caesaris oder doch Cl. Drusi Germanici erbawet worden.

Mer. OS, S.48

Under dem Eulenburgischen Schloß / liegt das uhralte veste Hauß **Grumma** */ so Anno 927. der Sorben-Wenden Haupt-Schloß gewesen / unnd durch Keyser Heinrichen den Ersten erobert / zerstört / unnd / auß der vornehmen Statt ein Dorff gemacht worden/*   *Mer.OS 49*

23. Arneburg

Zitat:

Dieses Arneburg, lat. **Castellum Aquilarium** *ist ein mittelgroßes offenes Städtgen, hart an der Elbe, auf ei-nem Hügel und in einer schönen Gegend.*

Hart an der Stadt auf einem hohen Berge dicht an der Elbe liegt das alte Schloss Arnburg, lateinisch, **Castellum**

Aquilarium. *Seinen Anfang hat dieses Schloß noch vor Christi Geburt von den Römerm bekommen, welche in selbiger Gegend ihr Lager gehabt, und es mag wohl seinen deutschen Namen von den römischen Aquilis erhalten haben. (lat. aquila – Adler, Legionszeichen)*

Elbst 637 – 638

Was sonst Caspar Abel in seinen sächsischen Alterthümern Cap. I. §. I. pag, 4. Von den **Trophaeis Drusii (*)** *oder* **drusianischen Siegszeichen** *anführet, die seiner Meynung nach an diesem Orte gestanden hätten, bekannt bey ihm nachgelesen werden.* Elbst.638

[Diese Trophæa oder Siegszeichen bestunden zu derRömer Zeiten in selbigen Gegenden mehrentheils aus aufgerichteten Baumklötzern, oder zusammengetragenen Steinhügeln, oder auch in der Form eines von Steinen aufgesetzten Altars, wobey zugleich der überwundenen Feinde Waffen zum Zeichen des erhaltenen Sieges aufgehängt wurden. Wo aber solthe Trophäen hingekommen, und wo die Spuren davon noch heutiges Tages an der Elbe möchten zufinden seyn, davon hat man keine Nachricht mehr, es stehet auch nicht zu vermuthen, daß von der Zeit des grauen Alterthums an, dieselben in ihrem ehemaligen Stande bis hierher haben verbleiben können.

(Fußnoten) „.#- Elbst 638 / 639

Arneburg, *Arneberg, lat. Arneberga, eine kleine Stadt an der Elbe in der alten Marck Brandenburg, zwischen Angermünde, Werben und Havelberg, unter das Amt Angermünde gehörig.*

Vor Zeiten war allhier ein schönes Bergschloss nahe an derElbe, in welchen verschiedene Könige und Kaiser residieret haben… Heut zu Tage aber sind nur noch wenig Rudera darvon zu sehen.

117

24. Dresden

Über den Ursprung und die Vergangenheit sind sich die Autoren nicht einig. Allerdings berichtet einer von ihnen, Regino, dass Karl d.Gr. 808 n.Chr. die Burg Dresden an der Elbe erbaut habe.

Andere halten Drusus, den Bruder des späteren Kaisers Tiberius für den Gründer Dresdens, der hier an der Stelle der Stadt eine „Trophaea Drusi"; ein Siegesmal nach einer gewonnenen Schlacht errichtet haben soll.

Eine „Trophaea" war bei den Römern in der Regel ein ein aus Steinen oder Grassoden errichteter Altar, auf den erbeutete Waffen abgelegt, oder an Bäumen aufgehängt wurden.

Zitat:

Von dem Ursprunge der Stadt Altdresden sind die Geschichtsschreiber unterschiedlicher Meinungen, die sicherste aber ist, daß, wie Regino berichtet, Kaiser Carolus Magnus im Jahr 808 die Burg Dresden an der Elbe gegen die Böhmen erbaut habe.... Neudresden ist dagegen eine Kolonie von Altdresden Elbst. 262

Dresden, Dresen, lat. Dresda, eine Chur-Sächsische Residenz, Hauptfestung und Hauptstadt im ganzen Chur-Fürstenthum, ist eine derer berühmtsten Städte in ganz

Deutschland. Sie liegt in Meißen an der Elbe.

Zed. 7.Band, Seite 1425

Einige wollen den Ursprung der Stadt Dresden dem **Druso** *zuschreiben, indem es Drusi Trophaea seyn sollten. (Mahler Diction. Graeco Lat. p. 13) Da aber Drusus nicht so weit in Teutschland eingedrungen, findet diese Meynung wenig Beifall.* Zed. 7.Band, Seite 1426

Das Ländlein / so ober Meissen / umbh Dresden und besser hinauff gelegen / ist vor Zeiten „Nisen" genannt worden... Die Burggraven von Dohna / denen das zerstörte Schloss Donyn in Meissen gehört / haben etwann vor Zeiten hierumb zugebieten / und die Zollgerechtigkeit auf der Brucken zu Dresden uber die Elb gehabt / die erst durch Churfürst Augustum gar abgelöst worden ist.

Dresserus sagt / daß das Wort Dresda, in der wendischen Spraach / ein Orth einer Aufforderung zur Schlacht bedeute; wiewohl es der Wahrheit ähnlicher / wann man diese Statt Dresen nenne / von den dreyen Seen / die noch heutigen Tages ubrig seyen. In den Historien werde dieser Ort Niesen / oderNisic genant / unnd hab es das Ansehen / daß alt Dresden ... Anno von den Wenden erbauet worden seye / und schreibt er viel von der Stattt Freyheiten Mer. OS , 43

25. Dömitz
/ Domyze,
lat. Domitium, auch Damitz genannt

ist eine kleine, gut befestigte Stadt, die 1328 an das Herzogtum Mechelburg gekommen ist. Bei dieser Stadt Dömitz handelt es sich um eine für die Erhebung des

Elbzolles wichtige Stadt an dem Zusammenfluß von Elde und Elbe.

Einige Gelehrte mutmaßen, dass sie von Domitio Aenobarbo gegründet worden ist, der unter Kaiser Augustus zahlreiche Knüppeldämme, genannt „Lange Brükken" und andere Wasserbauten in den Mooren Germaniens angelegt hat.

Auch Tacitus berichtet von diesen Wasserbauten. So erhält ein gewisser Caecina die Anweisung die „langen Brücken" mit seinen Leuten möglichst zeitig zu überschreiten.

Zitat:

Caecina, der seine eigene Mannschaft führte, wurde angewiesen, obwohl er auf bekannten Wegen heimkehrte, die „langen Brücken" möglichst zeitig zu überschreiten. Diese bildeten einen schmalen Fußsteig zwischen unabsehbaren Sümpfen und waren einst von L.Domitius angelegt worden. Alles andere war Moorboden...

Tacitus Annal. I. 63

Zitat: (Dömitz)

Von Theils Damitz genannt / eine veste Stadt im Herzogtum Mechelburg, an welches sie 1328 kommen

/MerNi 76

Zitat:

Dömitz oder Domitz, ehemals Domyze von einigen auch Damitz genannt, Lat. Domitium eine kleine, aber veste und wegen des Elbzolls sehr wichtige Stadt in dem Mecklenburgischen Fürstentum Wenden an dem Zusammenfluss der Elde mit der Elbe gelegen.

Von ihrem Ursprunge muthmassen einige Gelehrten, dass sie von Domitio Aenobarbo, welcher unter Kayser Augusto unterschiedene Dämme und andere dergleichen

26. Frankfurt a. d. Oder

Frankfurt an der Oder, „Francofurtum ad Viadrum" im Churfürstentum Brandenburg genannt, war den alten Autoren gut bekannt, wenn sie auch über die Umstände ihrer Entstehung unterschiedlicher Meinung waren.

Als Erstem wird die Gründung der Stadt Frankfurt an der Oder dem Simon, einem Sohn des Cleodomirus und Enkel Simonis, des ersten Herzogs der Franken unter dem römischen Kaiser Antonius Pius unterstellt. Nach der schon immer an dieser Stelle liegenden Furt und den Franken erhielt die Siedlung 146 n.Chr. den Namen „Frankfurt" – „der Franken Furt."   PTU 51

Andere Autoren berichten, dass sie im Jahr 140 n.Chr. von den Franken, die unter ihrem König „Sunnone II" aus Skytien gekommen waren, zum Gedächtnis ihren Namen erhalten hat.

Allerdings kann man davon ausgehen, dass die Stadt Frankfurt a. d. Oder eine weiter zurück reichende Vergangenheit hat. So hat man im Stadtgebiet neben anderen Antiquitäten, mit verbrannten menschlichen Knochen gefüllte Tongefäße gefunden.   ZedUnLex 9.Bd. S. 1725

Ein anderer Autor, Matthaeus Dresserus meldet, dass Markgraf Sunno II., Sohn des Clodomirus diese Stadt 146 n.Chr. erbaut hat. Markgraf Hans von Brandenburg und sein Bruder Othen (Otto) haben die Stadt erweitert.

Das Gleiche berichtet der Autor Johann Angelius a` Werdenhagen, der den genannten Sunnone (Sunno), den Urenkeldes fränkischen Königs Rechimir oder Rechimer nennt, der 20 Tausend, oder wie andere berichten 18 Tausend Menschen aus seinem Königreich in die March geführt haben soll.

(Aus diesem Gebiet sollen 103 n.Chr. die Vandalen und die Goten vertrieben worden sein.)

Johannes Angelius d`Werdenhagen nennt Sunnone, den Urenkel des fränkischen Königs Rechimirius der zum Gedächtnis seiner Franken, die ihre Feinde, die Vandalen verfolgt und getötet haben, diese Stadt erbaut und „Traiectum Frankorum" genannt haben.

Die Stadt hat in den folgenden Jahrhunderten sehr unter den Zeitläufen gelitten, bis 1253 der Markgraf Jo-hannes I. von Magdeburg und sein Bruder, die Stadt aus den Ruinen wieder erstehen ließen.

Wegen der guten Lage und der Bequemlichkeit zum Hantieren wurde die Stadt erweitert und im Jahre 1318 von Markgraf Waldemar weiter befestigt und mit Freihei-ten begabet.

1379 hat Markgraf Sigismund den Bürgern die Freiheit geschenkt ein Gewerbe zu betreiben, als sie sich der „Hanse" anschlossen.

Zitat:

*Francofurtum ad Viadrum, gelegen im Churfürstentum Brandenburgk / von Simone dem anderen dieses Namens /einem Sohn Cleodomiri / unnd Sohns Sohn Simonis deß ersten / Herzogen der Francken / under **Keyser Antonino Pio** zu bauen angefangen und von dem Furt der vorzeiten allda gewesen / unnd den Francken Frankfurt* *genannt / das ist der Francken Furt und Statt / im Jahr 146*

Es wird von den neueren Scribenten ohne Grund ge-meldet, dass sie Anno 140 von denen Francken, welche unter ihrem Könige Sunnone II. aus Skytien gekommen zum Angedenken ihrer Überfuhrt den heutigen Namen bekommen. (Thritemius de. Orig. Franc. Pag. 7). Doch ist gewiß, daß sie eine alte Stadt sey, indem man allda mit verbrannten Menschen-Knochen angefüllte Töpfe, nebst anderen Antiquitäten findet. Zed. 9. Band, Seite 1725

Matthaeus Dresserus meldet / daß Marggraf **Sunno II., Clodomiri** *Sohn / dieses Churfürstlich Brandenburgi-sche Statt umbs Jahr Christi* **146** *erbaut/ und Marggraf Hans von Brandenburg samt seinem Bruder Othen von dem Wasser oder Bruckthor / bis zum Gubenthor (wel-ches das obere Theil der Statt genennet werde), erweitert habe. Und mit diesem Dressero stimmet auch überein Joh. Angelius a´Werdenhagen, welcher den genannten* **Sunnonem,** *deß fränkischen Königs* **Rechimiri** */ oder* **Re-chimers** */ (welcher 28 oder wie theils sagen / 18 tausend Menschen aus seinem Königreich in die March / darauß die Vandalier / und Gothen Anno Christi 103 verjagt worden, geführt haben solle.) Urenkel nennet; der zur Gedächtnus / weil seine Franken / in dem sie ihre Feinde / die* **Vandalos** *verfolgt / und getötet / alhie über die Oder gesezt, diese Statt erbauet/ und* **Traiectum Fran-corum** *genennet; die folgents / nach dem sie viel ausge-standen / Anno 1253 gedachter Johannes I. Marggraf von Brandenburg / und sein Bruder/ aus ihren „ruderibus" (Ruinen), wider auffrichten / und wegen deß guten La-gerß / und Bequemlichkeit zum hantieren / erweitern und Anno 1318 Marggraff Waldemar befestigen lassen / und mit Freiheiten begabet Und habe 1379 Marggraf Si-gismund*

/ den Burgern alhie vollkommene Freyheit Ge-werbschaft zu treiben / als sie sich in den Hanseatischen Bunde begeben hatten Mer. BP Seite 54

27. Marßburg

Marßburg war eine Hauptstadt im oberen Sachsen, im Land der Sorbenwende, an der Saale bei Düringen.

Drusus, der Bruder des späteren Kaisers Tiberius soll die Stadt und die römische Burg im Jahre 7 n. Chr. erbaut haben. Andere behaupten Burg und Ort seien 15 v. Chr. unter Kaiser Augustus erbaut worden.

Im Jahre 163 n.Chr. sollen unter Kaiser Antonius Pius die Mauern erneuert worden sein, ebenso unter Meroueo, dem 45. König der Franken und Düringer. Kaiser Theodosius II. ließ zusätzlich weitere Gräben und starke Ringmauern bis an das Wasser der Geissel anlegen.

Zuletzt hat Kaiser Karl d. Gr. die verfallenen Mauern erneuert und die Stadt christianisiert.

Zitat: *Marßburg, oder Merßburg / eine Hauptstatt inn obern Sachsen / in der Sorbenwende Landt/ an der Saal / bey Düringen/ von* **Claudio Druso Germanico, Keysers Augusti Stiefsohn** */ und Hauptmann / anno Christi 7. gebauwet / und die Römische Burg daselbst auffgerichtet*

Andere sagen / es sey geschehen / anno Christi 15 unter **Kaiser Augusto**. *Anno aber Christi* **163** *under Keyser* **Antonio Pio** *gemawret/ nachmals von* **Meroueo** *dem fünff und vierzigsten Könige der Franken unnd Düringen anno*

124

*Christi **438** unter **Keyser Theodosio II** mit weiteren Grä-*
ben und stärkeren Rinckmauwren / biß an das Wasser die
*Geissel umgeben / danach hat Keyser **Carolus Magnus** /*
die zerfallenen Mawren vernewret / und die Statt zum
christlichen Glauben bracht.   PTU 45,46

Zitat:

Und sei Merseburg weder von Marso, der Teutschen
König / noch von Julio Caesare oder den Römern; son-
dern vielmehr von Mervig / oder Meroveo, dem Fran-
kenkönig / welcher auch über die Thüringer geherrschet /
erbauet worden.   Mer. OS 136

Ein offensichtlich zeitgenössischer Autor kritisiert den
Ernesto Brotuff , der eine Chronick über die Geschichte
der Stadt verfasst hat. Er wirft ihm vor, dass er den Römern zuviel Raum gegeben hätte. Nie hätten die Deutschen geduldet, dass Drusus und andere Obristen eine Festung oder Städte in Deutschland gegründet hätten.

Allerdings führt man den Namen auf den römischen
Gott Mars zurück, der hier verehrt worden sein soll, und
die Siedlung soll schon zur Zeit des Kaisers Augustus eine
Stadt gewesen sein.

Zitat:*Ernesto Brotuff hat eine eigene Chronic von die-*
ser Stadt geschrieben… Aber solche ist mit Verstand zu
lesen. Dann er, Brotuff den Römern darin gar zu viel ein-
raumet. Die Teutsche haben weder dem Druso noch an-
deren Römischen Obristen / in dem inneren Teutschland /
so viel Platz gelassen / daß sie allda Castell / und Stätte /
sollten haben anrichten oder dieselbe behaupten können.

                        Mer. Os 136

Ihren Namen wollen einige von dem Mars, einem
heidnischen Gott, welcher vormals daselbst verehrt wor-
den, herführen. Man giebt vor, daß sie bereits unter dem
Kayser Augustus eine Stadt gewesen und daß nachmals

Karl der Gr. ihre verfallenen Mauern wiederum verbessert und sie zu einer Grafschaft gemacht.

ZedUnLex, 20. Bd. Seite 1036

Zitat:

Und sei Merseburg weder von Marso, der Teutschen König / noch von Julio Caesare oder den Römern, sondern vielmehr von Mervig/ oder Meroveo, dem Frankenkönig / welcher auch über die Thühringer geherrschet / erbauet worden.

Mer.OS 136

28. Arnau,
Arnovia, Hostinnia

Arnau, lateinisch Arnovia und böhmisch Hostinnia ist ein kleines Städtchen mit einem alten Schloss und Kloster, in dem König-Gräzer-Kreise in Böhmen, zwei Meilen von Hohen-Elb und 14 Meilen von Prag, das dem Grafen von Morczin zusteht.

Arnau, bei den „Hussiten" eine Stadt genannt, wurde von Zischka, nachdem sich dieser mit den Herren aus Prag überworfen hatte, 1424 am Sonntag vor Fasnacht vergebens belagert. Stattdessen wurden die Orte Mlazowiz erobert und Smidarz bis auf die Grundmauern niedergebrannt.

Zitat:

„… nach Arnau, lateinisch Arnovia und böhmisch Hostinnia. Dieses ist ein kleines Städtgen und altes Schloß so dem Grafen von Morczin zustehet.

Elbst. 84

„Arnau, eine kleine Stadt nebst einem alten Schloß und Kloster in dem König-Gräzer-Kreise in Böhmen, 2 Mei-len von Hohen-Elb und 14 von Prag, dem Grafen Marca- zin gehörig."   Zed. 2. Band, Seite 1566

Hostinna gegen dem Risengebürg / und Schlesien ge-legen / so in der Hussiten Histori eine Stadt genennet wird / vor welche sich Zischka / als er mit den Prägern uneins worden / Anno 1424. den Sontag vor Faßnacht / vergebens gelaegert; aber Mlazowiz erobert / un Smidarz in Grund außgebrannt habe.   Mer. BMS 35

29 Arentsee

Ein sehr altes Städtchen líegt zwei starke Meilen von Schnackenburg entfernt. Zusätzlich trägt es den lateini-schen Namen „Arminium". Aimonis und andere Autoren erwähnen diesen Ort schon vor mehr als 900 Jahren unter dem Namen „Arenseo".

Das Buch „Elbst." wurde 1741 gedruckt. Das bedeutet die Quelle stammt aus den Jahren vor 841 n.Chr.

Zitat:
*…zwei starke Meilen von Schnackenburg liegt **Arentsee**, lateinisch **Arminium**, ein sehr altes Städtgen ….Aimonius und viel andere Schriftsteller mehr gedenken dieses Ortes schon vor mehr als neunhundert Jahren und nennen ihn ganz deutlich **Arenseo**.*   Elbst 660,661

Zitat:

*Ein **Arminium** liegt auch am Fluss Rubicone* PTU 91
Vielleicht gibt es einen Zusammenhang mit dem
Personennamen „*Arminius*" ?

30. Brundusium,
Brandeiß
Der Ort Brandeis liegt in der Nähe, wahrscheinlich auf
dem Gebiet des alten Bunzlau, des heutigen *Boleslawiec
in Polen*
Zitat:
*Gegen dem alten **Bunzlau** über, an der linken Seite der
Elbe, liegt **Brandeiß**, lateinisch **Brundusium**, ein könig-
liches Städtgen und Schloß, so zum Cautzimer Crayß gerechnet wird. Dieser Ort war anfangs nur ein Schloß,
welches Boleslaus der Erste im Jahr 941 am Ufer erbaute, um sich als ein heidnischer Fürst gegen die prageri-
schen Christen zu beschützen.*

*An dem Schloß ist ein schöner Lustgarten, bei wel-
chem öfters die **Terra Sigillata**, oder, wie es die Chymi-
sten nennen, Äuxungia Solis und Auxungia Lunae gefunden worden. Zu Zeiten des Kaisers Rudolphs des II. ist in
dem gedachten Garten eine **Mumie männlichen Geschlechts**, so gut als jene in Egypten, ausgegraben worden.* Elbst 127
„*Terra Sigilata*" ist römische, rot glänzende Töpferware.

Brock 893
In *Apulien* oder *Calabria* im Welschland am Adriati-
schen Meer soll es auch eine Stadt m. d. Namen ***Brundusium,*** geben. PTU 17

128

31. Budorgis,

Pardubice (bei Kolin)

Budorgis wurde in der Liste (Karte) des Ptolemaeus erwähnt und könnte an in der Nähe von Kolin gelegen haben. Andere vermuten Budorgis auf dem Gebiet der heutigen Stadt östlich von Prag   Ptol 56

32. Budorigum

bei Glogau (Glogow)

Zitat:

1830 wurde bei Budorigum ein Münzschatz mit Denaren von Kaiser Vespasian (69-79) bis Kaiser Commodus (180-192) gefunden. Budoricum, oder Budorigum, eine Stadt ehemals in Polen, deren Ptolemaeus nahmhafft macht, man kann aber nicht sagen in welcher Gegend sie gestanden habe. Einige halten dafür daß es Breslau sey.

Zed. 4. Band, Seite 1801-1802

Nach den entzifferten Angaben der Karte des Ptolemaeus lag Budorigum auf dem Gebiet des heutigen Glogow   Ptol 50

33. Casurgis

(griech. Kasourgis)

Casurgis lässt sich nach den transformierten Koordinaten bei Prag lokalisieren. Das Gebiet um Prag ist reich an römischen und germanischen Funden.   Ptol. 55

34. Elster

Elster ist ein alter, offener Flecken, in dem Sächsischen Chur=Creisse und Amte Wittenberg, etwan eine Meile von dieser Stadt gelegen, wo die „Schwarze El-ster" in die Elbe fällt, daher auch den Namen hat.

Es ist eine Niederlage von Steinen und Brettern allda und soll ehedem eine Stadt und zwar die älteste in Chur= Sachsen über der Elbe gewesen seyn, so aber von dem Wasser ruiniert worden.

ZedUnLex 8.Bd., Seite 933/ 934

35. Halle, Hala

Halle an d. Saale hat eine lange Geschichte. Ihren Namen hat sie von der Salzquelle. Diese Salzquelle war schon vor Christi Geburt von dem schwäbischen Stamm der Hermunduren endeckt und in Besitz genommen wor-den. Dies erregte auch die Begier der anderen Stämme. So versuchte der Stamm, der später in Hessen als „Catti" bekannt wurde, im Jahre 60 n.Chr. die Qelle mit Waffengewalt zu übernehmen. Dies gelang ihnen aber nicht, denn sie wurden von den Hermunduren geschlagen und vertrieben.

Die Stadt Halle liegt an dem, schon den Römern bekannten Strom Saale, dessen Name nach Melanchton auch von dem Wort für „Salz" herstammt. Dieser Fluß ist auch dem römischen Autor **Strabon** bekannt, der zur Zeit des Kaisers Augustus gelebt hat.

Auch der römische Historiker Tacitus gedenkt in seinem Werk der Ereignisse im Jahre 60 n.Chr. in Halle.

Mit der Zeit haben die Wenden sich auch hierher begeben, die Hermunduren vertrieben und diesen Ort „Dobrebora" – „Gutes Salz" genannt.

Zed. 12.Band Seite 271,272

Zitat:

Diese in Sachsen / und Erzbistum Magdeburg / an der Sala / 5. Meilen von Leipzig / II. von Magdeburg und 8. von Wittenberg gelegene Statt / hat den Namen von den Salzbrunnen / und Salz...auf Griechisch... Und diese / über die Massen nuzbare Salzbrünne / seyn / noch vor Christi Geburt / von den Hermunduris, einem schwäbischen Volk / erstlich erfunden worden; deren Fürtrefflichkeit / als sie den benachbarten Völkern kundbar worden / verursacht hat / dass sie denselben nicht anders / als den Goldgruben / stark nachgesetzet haben. Daher die Catti, so man sie jetzt Hessen nennet / im Jahr des Herrn 60. Damit sie solches Salzwasser an sich brächten / die gedachten Hermunduren mit Krieg angriffen, von denen sie aber überwunden und geschlagen worden sind.

MerNi 111

Zitat

(Halle) *Ist gelegen an dem berühmten Saalstrom /welcher nach Philppi Melanchthon(is) meynung / auch vom Salz den Namen hat... und dem Strabon(i), so zu Kaiser Augusti Zeiten gelebt / nicht unbekannt gewesen.*

MerNi 115

Auch der römische Autor Cornelius Tacitus gedenkt der Ereignisse im Jahre 60 in Halle.   *MerNi 115*

Halle, Hallo, Lat. Hala Saxorum,
Magdeburgica, Salica

Halle, eine Stadt in Sachsen, die zum Herzogtum Magdeburg gehörte, liegt an der Saale, fünf Meilen von Leipzig und elf Meilen von Magdeburg entfernt. Der Namen geht auf eine dort sprudelnde Salzquelle zurück, die von den schwäbischen Hermunduren entdeckt worden war. Salz war damals kostbar und die Catten versuchten in den Jahren um Christi Geburt die Hermunduren von der Quelle mit Waffengewalt zu verjagen, wurden aber von denen abgeschlagen.

Später wurden die Catten im Rahmen der Invasion der Wenden von der Salzquelle vertrieben. Die Wenden nannten diesen Ort „Dobrebora" - „Gutes Salz"

Zitat:

Eine Stadt in Obersachsen, zum Herzogthume Magdeburg gehörig. Sie liegt an der Saale auf einer lustigen Ebene, 5 Meilen von Leipzig, und elf von Magdeburg. Ihren Namen hat sie von denen Salzbrünnen, welche daselbst von denen Hermunduris, einem Schwäbischen Volcke, erstlich erfunden worden; und weil man solchen, gleich als denen Gold=Gruben, starck nachgesetzet, haben die Catti kurz nach Christi Geburt die Hermunduros mit Krieg angegriffen, von denen sie aber überwuden worden.

Mit der Zeit haben die Wenden... sich auch hierher begeben, die Hermunduren vertrieben und diesen Ort „Dobrebora" – „Gutes Salz" genannt.

> *ZedUnLex. 12.Band Seite 271, 272*

Zitat

Hall in Sachsen *an der Sala / Erstlich ein Dorff / unter dem Stift Merßburg / von den Salzbrunnen angefan-gen / unter Keyser Otten dem anderen / und im letzten Jare*

Alberti, des ersten Erzbischoffen zu Magdeburg / an dem Orth / da das Dorf Dobrebora oder Dobresoel gebawt/ anno Christi / 981 oder 982 erweitert PTU 63

36. Leipzig

Leipzig, eine weltberühmte Stadt in Meißen, fünf Meilen von Halle und 13 Meilen von Dresden, liegt in einer schönen Ebene. Die Stadt ist mit guten Mauern, Bollwerken und Graben versehen. Die Stadt hat vier Tore und drei Pforten.

Den Ursprung des Ortes wollen einige von **Libonotho**, einem Kriegsfürsten des Arminius, der Quinttilius Varus schlagen half, herleiten. Libonotho ließ die Hermundurer aus der Gegend vertreiben und durch ein anderes sächsisches Volk, die Libonier ersetzen.

An diesem Ort, der anfänglich „Liboniz" beziehungsweise Lipz genannt wurde, hatte Libonotho sein Hof-lager. Hier soll vor Zeiten der Abgott Flyus unter einer schönen Linde verehrt worden sein. Das Heiligtum wurde aber vom hl. Bonifazius im Jahr 724 zerstört und an des-sen Stelle, an der Mündung der Pleiße in die Elster, eine Kirche und das Kloster „St.Jakob" angelegt. Allerdings wurde die Anlage 755 von den Wenden wieder zerstört.

Zitat:

Leipzig eine weltberühmte Stadt im Marggrafentum Meissen. 5 Meilen von Halle und 13 Meilen von Dresden in einer schönen Ebene gelegen. Die Stadt ist mit guten

Mauern, Bollwerken und Graben versehen. Sie hat vier
Tore und drei Pforten.

Den Ursprung des Ortes wollen einige... von Libono-
tho, eines Kriegsfürsten des Arminius, der Quíntilius Va-
rus schlagen helfen, herleiten, aber als welcher die Her-
mundurer aus dieser Gegend vertrieben und ein ander
sächsisch Volk, die Libonier an ihre Stelle gesetzet und an
diesem Orte, welcher anfänglich „Liboniz" bezieh-
ungsweise Lipz genannt worden, sein Hoflager gehabt
habe.   ZedUnLex 16.Band, Seite 1656

Deswegen wollen auch einige, dass vor Zeiten der
Abgott Flyus daselbst unter einer schönen Linde verehrt,
vom hl. Bonifazio aber im Jahr 724 zerstört und an dessen
Stelle, an dem Orte, wo die Pleiße und Elster zusammen
flüssen eine Kirche und Kloster St.Jakob angelegt worden,
welches doch die Wenden beydes im Jahr 755 wieder
zerstört haben.

ZedUnLex 16.Band, Seite *1656*

37. Nordhausen
Lat. Nortbusia

Nordhausen liegt in Thüringen und könnte von dem
römischen Kaiser Theodosius im Jahre 396 gegründet
worden sein. Im Jahr 394 vereinigte er das römische Reich
noch einmal in seiner Hand.   LexG 751

Manche Autoren halten auch den fränkischen König
Meroveus für den Gründer.

Nordhausen wurde 927 erstmals erwähnt.

(M-Lex 601)

In der Stadt sind noch ein Dom (12.-15. Jhd.) und das
Rathaus (1608- 1610 erhalten.

Zitat:

Eine alte Freie Reichsstadt in Thüringen soll bereits 410 von dem Kaiser Theodosius erbaut worden seyn.

Unterdessen sind doch andere, die sie noch älter machen und zu ihrer Erbauung das Jahr 347 oder 396 setzen, auch vorgeben, dass sie von dem fränkischen Kö-nig Meroveus ihren Ursprung habe, welcher diesen Ort wider die Hunnen mit einer Ringmauer befestigt habe.

ZedUnLex, 24. Band, Seite 1277

38. Parchim

Lat. Porchimum

Parchim ist eine kleine Stadt in dem Mecklenburgischen Fürstenthum Wenden. Sie liegt an einem kleinen See, welchen der Fluß Elde formiert, nahe bey der Gegend wo der Fluß Lockkewitz sich mit dem selben vereinigt und hat ein dazu gehöriges Amt. Auch pflegt das Mecklenburgische Hof- und Landgericht daselbst gehalten zu werden.

In dem 13.Jahrhundert war dieser Ort eine Herzogliche Residenz und heut zu Tage gehöret er dem Herzoge zu Schwerin. *ZedUnLex 26.Band Seite 826*

39.Stendal

Lat. Standalia

Über die Herkunft der Stadt ist wenig überliefert. Dass sie die Stadt Siututanda gewesen ist kann ausgeschlossen werden, denn die Lage dieser Stadt wurde im Raum der Stadt Lathen an der Ems festgestellt.

Zitat:

Stendal ist die alte Hauptstadt in der alten Mark an der Lucht, welche mitten durch läuft und dieselbe auch umgibt, zwei Stunden von der Elbe, sieben Meilen von Magdeburg. Sie liegt auf einer fruchtbaren Ebene. Woher sie ihren Namen habe ist nicht eigentlich zu sagen, einige wollen ihn von den Sennonen herleiten, andere aber sagen, es wäre der Alten „Siatutana" gewesen.

Es hat dieselbe Heinrich der Vogler 920 zu bauen angefangen, 926 hier einen Reichstag abgehalten und zu dem wendischen Kriege Anstalt gemacht.

ZedUnLex, 39.Band, Seite 1822

40. Tangermünde

Lat:Tangermundas

Bei Tangemünde soll es sich um eine Stadt mit alten Wurzeln zu handeln. Wie die alten Chroniken melden, soll sie von den Angrivariern 400 Jahre vor Christus gegründet worden sein und. nach Auffassung der Zeitgenossen soll Karl d. Gr. die Stadt 804 wieder aufgebaut und zum Leben erweckt haben. Auch im Jahr 924 wurde die Stadt Tangermünde unter Kaiser Heinrich wieder erneuert.

Zitat:

Die Stadt soll von den Angrivariern lange vor Christi Geburt erbaut worden sein. 804 Karl d. Gr. soll die Stadt Tangermünde wieder erbaut haben.

ZedUnLex 41. Band, Seite 1686

Tangermünde, lateinisch Tangermunda ist eine zwar nicht allzugrosse, doch ziemlich gute Stadt in der alten

Mark Brandenburg auf einer Höhe, sieben Meilen von Magdeburg. Nach dem Vorgeben. Christoph Enzelts soll sie vierhundert Jahre vor Christi Geburt von den Angriwariern angelegt, hernach aber, als sie eingegangen gewesen, von Carolo Magno im Jahr 804. und von Heinrichen dem I. im Jahr 924 wieder aufgerichtet; worden sein.

Elbst. 632-634

Tangermünde / nicht weit von der Oder / in der Mittelmarck / von Marggraffen Johanne dem ersten Churfürsten / und Ottone, dem dritten Gebrüder zu Branden-burgk aufgebaut und etwan pommerisch gewesen.

PTU 109

41. Wismar

Lat: Wismaria, auch Marionis

Für die Lage von *Marionis* im Raum Wismar spricht auch ein Artikel in dem Universal Lexikon von Zedler:

„Wismar oder Wißimar,…auch Marionis…eine berühmte und ziemlich große Königlich=Schwedische Handels=Statt, nebst einem vortrefflichen Hafen. Wegen Ursprungs des Nahmens dieser Stadt sind vielerlei Meynungen, jedoch ist dieses die gemeinste, daß selbige von Wisimar, einem alten Wandalichen Könige im Jahr 340 erbauet und von ihm benennet worden.

ZedUnLex Band 57. Seite 1283

Die Stadt soll 340 von Wisimar, einem alten vandalischen König gegründet worden sein.

ZedUnLex 57.Band, Seite 57

42. Halberstadt
Lat. Halberstadium, Hemipolis
Die entzerrten Koordinaten für die „Trophae Drusi" ergeben eine Position bei dem heutigen Halberstadt. Der Verfasser Buches (Ptol.) vermutet, dass sie den Sterbeort des Drusus, des Bruders des späteren römischen Kaisers Tiberius bezeichnen, der an den Folgen eines Reitunfalls verstarb.   Ptol. 48

43. Aregelia
Areletia
Aregelia, Areletia ist ein antiker Ort bei Leipzig, wie die Transformierung der überlieferten antiken Koordinaten ergab.   Ptol 49

44. Schleßwig

Schleßwig in Holstein, soll von *Claudius Drusus Nero Germanicus,* (38 - 9 v. Chr.), dem Stiefsohn des Kaisers Augustus erbaut, und später von Karl d. Gr. erneuert und erweitert worden sein. Sie war eine blühen-de Stadt in dem gleichnamigen Herzogtum.

Zitat: 1
„Schleswick in Holstein/ von Claudio Druso Nerone Germanico / des Keysers Augusti Hauptmann und Stief-Sohn gebawet / und von Carolo Magno vernewert und erweitert"   PTU 97,

In den Jahrzehnten vor der Jahrtausendwende blühte die Stadt an der Schlei auf, denn sie war die wichtigste Station an dem Handelsweg zwischen Nord- und Ostsee, einem System von Wasserwegen und einem kurzen Stück Landstraße.

Schleswig war die Hauptstadt des gleichnamigen Herzogtums. Es umfasste den größten Teil des alten Jütlandes, unter anderen folgende Städte: Tondern, Apenrade, Flensburg, Fürstenthum Sonderburg, Gottorff, Husum, Morkirchen, Eyderstädt , Lundenberg. Außerdem gehörten im Westen die Insel *Manot* in der Nordsee und im Osten die Inseln *Alsen*, *Arrot* und *Fehrmern* in der Ostsee zum Herzogtum Schleswig.

Eine wichtige Rolle spielte damals der Wasserweg über die Flüsse Eider und Treene nach Hollingstedt. Hier wurde die Ladung ausgeladen und mit Karren und Lasttieren über Land bis Schleswig gebracht.

In Schleswig wurde die Ladung wieder auf Schiffen verstaut und in dem ganzen Ostseeraum verteilt. Durch diese Route wurde die gefährliche Fahrt um das nördliche Dänemark (Skagen) vermieden.

Unter den Kaufleuten waren Händler aus Britanien, Frankreich, Hispanien und Niederlande, deren Waren von Schleswig aus mit Schiffen im gesamten Ostseeraum, in Dänemark, Norwegen, Schweden, Liefland, Reussen und Preussen verteilt wurden.

Ein großer Teil der Waren wurde von den hiesigen Kaufleuten übernommen und mit gutem Gewinn weiter verkauft.

Zitat: 2

Schleswich, Schleswig, Schleswick, Ducatus Schlesvicensis, ein Herzogtum von der Stadt gleichen Namens und von der ein Artickel folget, also genannt, ist eigent-lich ein Stück von Jütland, und heißt deswegen auch Sü-der=Jütland, vor Zeiten hieß es Angeln und das daran stoßende Holstein, Nord=Elbing... Auf beiden Seiten ist die Nord= und Ostsee die Gränze und zwar so, dass auf auf jener die Insel Manot, auf dieser die Insuln Alsen, Arrot und Fehmern noch zu Schleswich gerechnet wer-den. Gegen Mittag wird es durch den Eyder=Strom und einen kleinen Fluß, die Levensaw, von Holstein unter-schieden...

Es besteht aus diesen 13 Ämtern: Hadersleben, Ripen, Tondern, Apenrade, Flensburg, Fürstenthum Sonder-burg, Gottorff, oder Schleswich, Husum, Morkirchen, Eyderstädt, Lundenberg, und Insul Fermern; darunter die 2 erstern nebst Flensburg Königlich, die übrigen Her-zoglich sind. Das Land ist an Korn, Vieh und Fischen reichich gesegnet und insonderheit an den Seekanndten in den Marschländern sehr fruchtbar.

ZedUnlex 35.Band, Seite 126

Der dänische Geschichtschreiber I. Isac Potamus
schreibt, dass im Jahr 948 die Dänen den von Kaiser Heinrich eingesetzten Markgrafen, zusammen mit Kaiser Ottos Gesandten und den sächsischen Bürgern getötet haben.

Der Kaiser hat sich an den Dänen dafür gerächt und den ersten Bischof mit Namen Markus eingesetzt.

Irgendwann wurde die Stadt auch von Truppen des eines Königs Harald ausgeplündert und verbrannt. 1064 wurde die Stadt von den Wenden zerstört.

Zur Zeit des Kaisers Heinrich 1. (Auceps / Vogel-steller) nannte man die Stadt auch **Sliestorff**. Der jetzige Namen Schleswig könnte auf die Slawen (Wenden) zu-rück gehen, die Schleswig 1064 eingenommen und das

Christentum durch ihren heidnischen Kult ersetzt haben. Als die heidnischen Wenden nach einiger Zeit verjagt worden waren, wurde die christliche Religion wieder eingeführt und der Dom, die Bischofskirche St. Peter, erneuert.

Auch die Engländer errichteten eine Kirche am Markt, „Zum Hl. Geist" genannt. Daneben hatte man auch ein Hospital errichtet. Südlich des Doms erbauten die Bürger eine St. Nikolaus geweihte Kirche mit einem angeschlossenen Augustinerkloster, von dem aber nichts erhalten ist. Durch die kriegerischen Ereignisse war die Stadt schwer mitgenommen worden.

Die benachbarten Friesen nennen sie aber immer noch mit dem alten Namen Heideba, Hetheby, nach einer Königin in Dänemark namens „Hetha"

Zitat: 3

P.Bertius und andere / schreiben / daß Sleßwick vor Zeiten / eine gewaltige Hauptstatt in ganz Cimbrica und ein sehr reicher Handelsort gewesen / weiln die Kauf-leute aus Britannien / Frankreich / Hispanien / und Niederland/ häufig hierher gehandelt / und ihre Waaren / vom Teutschen großen Meer / oder der Nord See / an den Ausgang der Eider in dasselbe / und ferner auf dem Fluß Tren oder Treja / nach Hollingstatt gebracht / und von dannen gen Selßwick geführet, und durch die Stätte des Baltischen Meeres / hin und wieder / in Dänemark / Norwegen/ Schweden / Liefland / Reussen und Preussen / gelegen / ausgetheilet haben und daß Sleswick allbereit zu deß gedachten Keyser Heinrichs deß Ersten Zeiten / eine starke / und blühende Statt gewesen seye / die man auch Sliestorff geheissen habe; und daß der jetzige Nahm / wol auch von den Slavis oder Wenden/ herkom-men möge;

141

welche sich lange hier aufgehalten / nach dem sie ums Jahr Christi 1064 diese grosse Statt einge-nommen / das Heidenthumb allda wieder eingeführt / das Bistumb abgethan / den von König Erico erbauten Tem-pel / samt der Statt / zerstört / und hergegen ihre Tempel da herumb erbawet haben; deren Merckzeichen / sonder-lich an S.Michaelis runder Kirchen / auffm Berge / aus-serhalb der Statt / an dem Weg / da man nach Flensburg raiset / zu sehen: Als aber sie / die Wenden / von dannen verjagt / und die christliche Religion allhie wieder ein-geführt worden / so hätte man den Dom / oder Bischoff-liche Kirche zu St.Peter/ ernewert / und auch die Engelländer / nahend dem Markt eine Kirch / zum H.Geist genannt/ erbauwet / dabei ein Spital gestanden. Es sei auch an des Doms Mittags=Seite / S. Nikolai Kirch samt einem Augustiner Closter / gegen Morgen gelegen / ge-wesen. Aber davon sehe man fast kein Anzeig mehr.

*Wie dann diese Statt / durch die Krieg / so gering worden / dass Sie kaum etwas von/ der vorigen Herz-ligkeit/ mehr weisen könne gleichwol / bei den benach-barten Friesen / noch den alten Nahmen / den Ihr die Dänen / vor zeiten gegeben/ namblich Hedebui / behalte / den auch noch eine Capellen/ am Ufer der Slye / habe / die man Hedebui oder Heideba / Hetheby/ und Hedeby nach einer Königin in Dennemark./ (oder vielmehr in Sieland / so nur ein Theil des Königsreichs ist) nahmens Hetha / die endlich allein das Jutland behalten/ nennet. Und dann so schreibet J.Isac Potanus, der Dänische Geschichtsschreiber / daß im Jahr **948** die Dänen /den von Keyser Heinrichen gesetzten / Marggraven / zusampt des Keyser Ottonis I. Gesandten / getödtet / und die sächsiche Burger allhie vertilget: welches aber gemelter Keyser / an den Dänen hart gerochen / und wie man wolle / den ersten*

*Bischoff / Nahmens Marcus dahin gesetzt habe: Es seye aber folgens diese Statt, vom König Haraldo ausgeplündert / und verbrant worden; darauff erst die obgedachte wendische Zerstörung im Jahre **1064** erfolgt seye.*

*Anno **1135** ward König Nikolaus in Dennemark allhie / und in Sonderheit von den Sleßwickern / umgebracht...*

, MerNi 212

*Anno **1221**, oder 22 ist in dieser Statt /ein Consulium des Cardinals Gregorio Creicentio abgehalten worden.*

*Umbs Jahr **1248** nahmen Schleswig die Dänischen und umbs Jahr **1253** die Holsteiner / ein. Anno **1288** ist die Stadt ganz ausgebronnen.* MerNi 213

Schleswick, (Ducatus Schlesvizensis) ein Herzogtum nach der Stadt benannt, eigentlich ein Stück Jütland und ist deshalb auch unter dem Namen Süder Jütland bekannt.

Vor Zeiten hieß es „Angeln" und das daran stoßende Holstein „Nord Elbing."

Die Städte in Jütland sind: Schleswick, Flensburg, Hadersleben, Tondern, Eckernförde, Borg, Apenrade, Husum, Tönningen, Friedrichsstadt, Gardingen und Sonderburg.

Schleswick, ein Stück des „Cersonesi Cimbricae" war in den alten Zeiten von den Kimbern bewohnt, die ihre besonderen Richter oder Regenten hier gehabt hatten, wie die Inschrift eines in der Nähe von Schleswig gefundenen Grabsteines nahe legt:

Zitat:

„Hier liegt Vese auf Hetumby unter offenem Himmel und nasser Luft".

...solches nicht undeutlich aus einem uralten Grabsteine zu sehen ist, der ehemals bey der Stadt Schleßwick gefun-

143

den worden und ongefehr diese Aufschrift gehabt: „Hete-by oder aber Hetumby hieß vor Zeiten die Hauptstadt des Landes.

Zitat:

Schleßwich, Schleswig, Schleswick, Ducatus Schlesvicensis, ein Herzogthum, von der Stadt gleichen Nahmens und von der ein Artikel folget, also genannt, ist eigentlich ein Stück von Jütland, und heißt auch des-wegen Süder-Jütland, vor Zeiten hieß es Angeln und das daran stossende Holstein, Nord-Elbing.

Das eigentlich also genannte Jütland liegt demselben gegen Norden und wird durch den Meerbusen bei Coldingen und Schodtburgsau davon geschieden. Auf beyden Seiten ist die Nord- und Ostsee die Gränze, und zwar so, dass auf jener die Insel Manot, auf dieser die Insuln Alsen, Arrot und Femern noch zu Schleßwich gerechnet werden. Gegen Mittag wird es durch den Eyder=Strom -und einen kleinen Fluß, die Levensau von Holstein unterschieden.…Es bestehet aus diesen 13 Aemtern: Hadersleben, Ripen, Tondern, Apenrade, Flensburg -Fürstenthumb Sondernburg, Gettorff, oder Schleswich, Husum, Morkirchen, Euderstät, Nordstrand, Lundenberg, und Insul Femern; darunter die 2 ersteren nebst Flensburg Königlich die übrigen Herzoglich sind. Das Land ist an Korn, Vieh und Fischen reichlich gesegnet, und insonderheit an den Seekandten in den Marschlän-dern sehr fruchtbar.

Die vornehmste Meerbusen sind: die Coldinger-, Hardersleber-, Genner-, Apenrader-, Förder-, Flensbur-ger-, Eckenförder-, und Kieler Wiek; die insgesamt treff-liche Haven machen, denen Schleswich , Rutebull, Hover, List auf der Insel Syldt, Ballum und das Schmaltief beyzufügen.

Die vornehmste Flüsse sind: die Coldingau, Schodtburgsau, Nipsan, deer Lohebeck, die Tonderau, Soholm-
au, Treen x. Die Berge sind klein, und ihrer wenig.

Die Städte sind Schleßwich, Flensburg Hadersleben,
Tondern, Eckernförde, Borg, Apenrade, Husum, Tönningen, Friedrichstadt, Gardingen, Sonderburg.

Schleswich, oder Schleßwig, die Hauptstadt in dem
Herzogthum gleiches Namens hat den Nahmen von dem
Schley- oder Schliestrom, so von dar bis in die Ostsee
geht; und wurde von Alters auf Dänisch **Haidby ,Had-
deby, Hadeboth, Häthleby, Haitby, Hetumby, Heteby,**
Lat. **Heideba**, genennet von der Fürstin **Hete** die es (316
n.Chr.) erbaut haben soll ,*wiewohl aus unterschiedenen
Monumenten erhellet, daß sie längst vor Christi Geburt
erbauet sey.*

Der alte Namen „Cimbrica Chersonesus" wird durch
Daniam ersetzt.   ZedUnLex Band 35, Seiten 126-130

Zitat:
*Dieser beyder Völker Namen der Teutschen un Mar-
schen (welcher Plutarchus gedenckt) haben die Dietmarschen zusammen genommen / und sich Teutsche Marschen genennet. Und aus diesem Namen (Teutomarsen)
schliesse ich / dass die Dietmarschen des orths bis daher
von den alten Teutonen unnd Marschen noch übrig sind.
Sintemal diejenigen eben diese orth vorzeiten innen gehabt / und mit den Cimbris, das ist / Holsteinern gegrenzet haben / vonn **welchen „Cimbrica Chersonesus" den
Namen hat / so man jez undt Daniam nennet / von den
jezigen Eynwohnern den Denen / welche lang hernacher von der Thonau / an diese ort sich begeben haben.
Wirdt auch Donomarchia / Dennenmark genannt /,***

Von der Grenz Pfleg welche Keyser Heinricus (1.)Auceps des orths an der an der Denischen Grenz bemawret und befestiget hat / wider die Denen, damit sie nicht leichtlich ins Reich eynfallen köndten

Gewiß ist, daß die Stadt sehr alt, und vor diesem viel grösser, auch wohl gefestiget gewesen.

Gewiss ist, dass Schleswick vor Alters ein reicher Handelsplatz gewesen, dahin die Kaufleute aus Brita-nien, Frankreich, Spanien und Niederlanden häufig hier-her gehandelt und ihre Waaren von der Nordsee an den Ausgang der Eider ferner auf dem Fluss Tren oder Treja nach Hellingstadt, und von dannen nach Schleswick geführet wovon sie denn weiter durch die Städte des Baltischen Meers in Dänemarck, Norwegen, Schweden, Liefland, Reussen, und Preussen vertheilet worden.

ZedUnLex Band 35, Seiten 126-130

Schleswig erreichte in den folgenden Zeiten nicht mehr die frühere Geltung. Dafür könnten zwei Entwicklungen ursächlich sein. Zum Einen ist es sicher eine Folge der häufigen Zerstörungen um die Jahrtausendwende, zum Anderen aber auch der tech-nische Fortschritt, denn die zu diesen Zeiten aufkom-menden Hansekoggen waren für das Fahrwasser der Flüsse Eider / Treene zu groß und mussten also den weiteren Weg um Dänemark herum in die Ostsee nehmen..

Eine mögliche Herkunft der Dänen

Für die keltische Identität der von der Königin Hete 316 n.Chr. angeführten Dänen spricht nicht nur ihre Her-kunft von der Donau und ihr kriegerisches Wesen, son-dern auch

146

der „Kessel von Gundestrup", der 1891 im Torfmoor in der Nähe des Ortes Gundestrup gefunden wurde. Es handelt sich dabei um einen reich mit kel-tischen Motiven aus der Latene-Zeit verzierten Kessel aus Silber.

Zitat:

Schleswig wurde von Alters auf Dänisch **Haidby** *,***Haddeby, Hadeboth, Häthleby, Haitby, Hetumby, Heteby,** *Lat.* **Heideba**, *genannt nach der Fürstin* **Hete**, *die Schleswig nach 316 n.Chr. erbaut haben soll.*

Allerdings berichtet der Autor des Lexikons „Zedlers Lexikon Band 35, Seite 126-130 gedruckt ab 1731 dass „*...***wiewohl aus unterschiedenen Monumenten erhellet, daß sie, die Stadt Schleswig längst vor Christi Geburt erbauet sey.**

Der alte Namen „Cimbrica Chersonesus" wird durch **Daniam** *ersetzt.* *ZedUnLex Band 35, Seiten 126-130*

Zitat aus dem Buch:
Pavum Theatrum Urbium
Wolfgang Jobst / Frankfurt am Mayn 1585

Zitat:

Sintemal die jenigen eben diese orth vorzeiten innen gehabtun mit den Cimbris, das ist Holsteinern gegrenzet haben von welchen Cimbrica Chersonesus den Namen hat / so man jezundt Daniam nennet / vonn den jezigen Eynwohnern den Dänen / welche lang hernacher von der Thonaw / an diese ort sich begeben haben.

Wirdt auch Donomarchia, Dennemark genannt/ von der Grenz Pfleg / welche Keyser Heinricus I. (Auceps) deß orths an der Denischen Grenz auffgerichtet / und stäts mit einer starcken Besetzung bemawret und befestigt hat /

wider die Dänen / damit sie nicht leichtlich ins Reich eynfallen köndten. PTU 133, 134

Das ehemalige Siedlungsgebiet der Kimbern, das man früher *Cimbrica Chersonesus* genannt hat, und man jetzt Daniam, von den jetzigen Einwohnern den Dänen nennt, die vor langer Zeit von der Donau an diesen Ort gewandert sind.

Es wird auch Donomarchia oder Denemark genennt , von der „Grenz-Pfleg", die Kaiser Heinrich an der dänischen Grenze errichtet und gegen die Dänen mit einer starken Besatzung versehen hat, damit sie nicht so leicht ins Reich einfallen könnten.

Zitat:
Das einzigartige Stück (der Kessel von Gundestrupp) wurde sehr wahrscheinlich im 1.Jhd.v.Chr. in Gallien oder an der unteren Donau gefertigt. Die dort seit den großen Keltenwanderungen ansässigen Scordisker standen unter starkem Einfluss ihrer Nachbarn, der griechisch geprägten Thraker und so finden sich in den Darstellungen des Kessels von Gundestrup neben den charakteristischen keltischen Elementen auch unverkennbar orientalische Motive wie Greifen, Löwen und geflügelte Pferde. *Theiss Kelt S. 130*

45. Werben
Castellum Varii

Zitat:

Dieses Werben, lateinisch Castellum Varii, ist eine alte, anbey die letzte und kleinste von den sieben Landstädten in der alten Mark Brandenburg. Sie liegt auf einem fetten Boden, in einer sehr fruchtbaren Gegend, hart an der Elbe, gleich gegen dem Einflusse der Havel über.

Von etlichen wird sie für eine alte römische Festung, Castellum Varli, gehalten. Andere halten sie für die Stadt des Drusus „Varinum"

Es ist inzwischen an beyden Meynungen zu zweifeln, ohngeachtet die letztere am vermuthlichsten scheinet. Dem sey, wie ihm wolle, genug man findet doch schon vor siebenhundert Jahren in den ältesten Schriften von ihr die Nachricht, daß sie die Hauptstadt gegen die Wenden gewesen. Elbst. 643 - 644

Keyser Carolus Magnus hat ein Bistumb allda aufgerichtet/ welches gegen Werben nachmals transferirt, ist zerstört und geschleifft PTU 85

König Heinrich I. (815 – 836) lässt unter anderen auch das Stättlein **Varinum** *an der Elb zu renoviren / und zu bessern befohlen habe / so „Verbena" genant werde...*

Und in Antegressu part 4. pa. 371 meldet er/ daß der gedachte Kaiser das alte Schloß Werben/ wegen der sichern Gelegenheit deß Orths sehr geliebt habe...

Mer.BP. 121

Nachwort

Der römische Einfluss in Norddeutschland war sicher größer als die 44 Orte und Städte, die in der Überlie-ferung erwähnt werden, nahe legen. Viele Spuren sind vergangen und oft mag nur der Zufall dazu geführt haben, dass die Kunde von so manchen Städten und Ereignissen auf uns überkommen ist, dass ein Buch die Wirren der Zeit überdauerte.

Zu diesemThema schreiben die Autoren des Buches: *Germania und die Insel Thule / Die Entschlüsselung von Ptolemaios' „Atlas der Oikumene"*:

Zitat*:*

Für die römischen Provinzen bildete insbesondere die Raumerfassung durch Militär und Verwaltung die Grundlage der geographischen Informationen. Neben (militärischen) Karten und Itinerarlien dürfte Ptolemaios auch Lagebeschreibungen der Provinzen und ein Verwaltungshandbuch verwendet haben. PtolGer 7

Bei Caesar sind offensichtlich politische Gründe für seine literarische Tätigkeit ausschlaggebend, denn er musste sich immer wieder um ein politisches Amt bemühen, weil er nur als gewählter Amtsträger nicht vor Gericht gestellt werden konnte. Er hatte im Senat zahlreiche Gegner, die nur darauf warteten, dass er einen Fehler machte.

Die vielen Kriege führten auch dazu, dass zahlreiche Menschen vertrieben wurden, beziehungsweise umkamen.

Es war wohl häufig ein Zufall, dass ein Buch die Wirren der Zeit überdauerte.

In seinem Buch „De Bello Gallico" vermeidet Caesar jeden Hinweis auf eine römische Siedlung oder ein Lager im östlichen Norddeutschland, obwohl er viele Ansiedlungen gegründet und bekannte Orte erobert haben soll.

Das zeigt sich am Beispiel des germanischen Ortes **Agenticum**, der Hauptstadt der Semnonen und Sueben, die Caesar vorsichtshalber in „Ageticum" umbenannt und nach Gallien verlegt hat.

Agenticum soll die Residenz des Königs Brennus gewesen sein, der 387 v.Chr. nach der Schlacht an der Allia Rom erobert und von den Römern ein Lösegeld gefordert hat. Sein Spruch „Vae Victis" – „Wehe den Besiegten" ist legendär.

In seinem Buch hat Caesar die Stadt nach Gallien „verlegt", vermutlich weil er auf seine Wähler Rücksicht nehmen musste, denn im Jahr 100 v.Chr., dem Geburtsjahr Caesars hatte der Zug der Cimbern, den die römischen Truppen unter Inkaufnahme von gewaltigen Verlusten knapp abwehren konnten, die Römer bis ins Mark erschüttert.

Wie gefährlich Caesar die Situation einschätzte, zeigt die Tatsache, dass er sechs Legionen in die Gegend von Agenticum (Ageticum) ins Winterlager schickte, bevor er sich wie üblich, über den Winter nach Italien aufmachte. Eine Legion bestand aus zwischen 3000 und 6000 Legionären.   Cae 6.Buch, Abs. 44

Die römische Armee wurde von erfahrenen Landvermessern begleitet, die in der Lage waren, einen Ort nach Länge und Breite festzulegen. Das von Ptolemäus benutzte Koordinatensystem entsprach bis auf die Lage des 1. Längengrads, bei den Römern auf der kanarischen Insel Hierro, seit dem 19.Jahrhundert auf der Sternwarte von Greenwich, südlich von London, dem heute noch gültigen System. Natürlich hatte man damals schon die Kugelgestalt der Erde erkannt.

151

Ptolemäus überlieferte die Koordinaten von ca. 6.300 Orten und geographischen Merkmalen nach Länge und Breite.   PtolGer 3-5

Verzeichnis der Quellen

Universal-Lexicon
Aller Wissenschaften und Künste
Verlegts Johann Heinrich Zedler 1739/ Google Books

Kürzel: **ZedUnLex**

 Denkwürdiger und nützlicher Antiquarius des Elbstroms
Heinrich Föhringer

Stock's selige Erben und Schilling 1741 / google books
Kürzel: **Elbst**

Topographia Germaniae / 16 Bände / 1643 -1672
Neue Ausgabe 1961,
Bärenreiter Verlag, Kassel und Basel
Kürzel: **Mer**

Germania und die Insel Thule
Die Entschlüsselung v. Ptolemaios
„Atlas der Oikumene
ISBN 978-3-534-23757-9
Kürzel: **Ptol**

Pavum Theatrum Urbium
Wolfgang Jobst /Frankfurt am Mayn 1585
Bayrische StaatsBibliothek
Res/Geo.u. 193
Um :nbn:de:bvb:12-bsb00027786-9   VD16 J 292
Kürzel: **PTU**

Der Gallische Krieg
Caesar
ISBN3-938484-06-3
Kürzel: **Cae**

Tacitus Germania
Insel =Verlag zu Leipzig
Kürzel: **GerT**

Das enträtselte Atlantis
Jürgen Spanuth
Union Deutsche Verlagsgesellschaft
Gedruckt 1953
Kürzel: **Atl**

Leben und Taten der Römischen Kaiser
Sueton
Anaconda Verlag
ISBN978-3-7306-0025-2
Kürzel: **Sue**

Römische Geschichte
Velleius Paterculus
RECLAM Verlag
ISBN: 978 3-15-008566-0
Kürzel: **VePa**

Budorgis
Oder etwas über das alte Schlesien
vor der Einführung der christlichen Religion,
besonders zu Zeiten der Römer

Friedrich Kruse
Leipzig 1819
Verlag Heinrich Hartknoch
Kürzel: **Bud**

Theatro Urbium
Wahrhafte Contrafreytung und
summarische Beschreibung vast
aller Vornehmen und namhaftigen
Stätten, Schlösser und Klöster und
wann dieselbigen erbaut worden.
Abraham Saur
Kürzel: **TUR**

Der Kampf der Seevölker
gegen Pharao Ramses III.
Heike Sternberg – el Hotabi
ISBN978-3-86757-532-4

Martin Kuckenberg
Die Kelten
Theiss Verlag
ISBN978-3-8062-2274-6

Kürzel: Theiss Kelt S.

Orte

Völker und Stämme

Gottheiten